U0029628

東京の地理と地名がわかる事典

東京地理地名事典

探索地圖上不為人知的東京歷史

淺井建爾 著
歐兆苓 譯

前言

日本的首都東京匯集了各種事物，卻也有人說它唯獨缺乏「道義與人情」，似乎是對這座充滿魅力的大都會的一種諷刺。

在美國最具權威的旅遊雜誌之一《旅遊者雜誌》（Condé Nast Traveler）於二〇一七年發表的讀者票選排行榜當中，東京已經連續兩年獲選為「世界上最有魅力的都市」。可見東京不但是世界數一數二的大城，也是受到全球矚目的國際觀光都市。換句話說只要了解東京，就等於是在認識日本。

東京集結了來自世界各地的資訊，只要身處其中便能接觸到其他國家的文化。就算不出國，也還是可以享受美味的異國料理，走在時代尖端的時尚店家、咖啡廳、餐廳、美術館或博物館等觀光設施亦是一應俱全，而高樓林立的現代化街景與下町的庶民街道更交織出一幅不可思議的都市風景。日益進化且充滿生機，還能為遊客在每次造訪時帶來新發現的巨大都市——這就是東京。

另外也有人說，東京的魅力在於滿滿的人潮。據說光是一天下來新宿車站的乘客流量，幾乎就等於整個北海道大約六百座鐵路車站的乘客人數總和。從這個數據不但可以了解東京的人口之多，更能體會到它是個人們往來頻繁、充滿活力的都市。

然而，東京並非一朝一夕就變成如今的大都會。自江戶幕府成立以來，身為日本政治經濟與文化中心的東京就一直是帶領國家前進的先鋒；雖然它曾經多次因為重大災害及戰爭化為焦土，但這座生生不息的都市每次都能重新振作並繼續成長。為什麼東京可以變成如此巨大且充滿魅力的都市？想必透過追溯其發展過程與歷史，一定有助於我們更加了解東京。

二〇二〇年的奧林匹克運動會即將在東京展開，屆時，來自世界各地的訪客將會集結於此，並且愛上這個美好的城市吧。電視或報章雜誌等媒體介紹東京的比例壓倒性地高，可見大部分的日本國民都非常關注東京的動向，話雖如此，絕大多數的人都不太了解東京也是不爭的事實。因此，我提筆寫下本書，希望讀者們能夠在奧運開幕之前重新認識東京。本書在出版之際受到日本實業出版社編輯部的多方協助，謹在此致上最深的謝意。

淺井建爾

二〇一八年四月

東京地理地名事典　目次

第1章　了解東京的發展歷程

第2章 了解東京的變遷

第3章

從地名與地形認識東京

第4章

發掘隱藏在地圖裡的東京歷史與文化

第5章 了解急速變化的東京現況

第1章

了解東京的發展歷程

「武藏」為何讀作「MUSASHI」？

東京隸屬於武藏國

到明治時代為止，日本的行政區劃是根據古代律令制劃分的五畿七道。五畿又名「畿內」，分別是山城（京都府中南部）、大和（奈良縣）、河內（大阪府東南部）、和泉（大阪府西南部）及攝津（大阪府北部及兵庫縣東南部）五國，相當於現在以東京為中心的首都圈。

而日本全國又以畿內為中心分成七道——即東山道、東海道、北陸道、山陽道、山陰道、南海道與西海道，接著再從七道細分成六十三個國家（圖－1），武藏國便是其中之一。東京過去隸屬武藏國是眾所周知的事實，如果從目前的行政區劃來看，昔日的武藏國涵蓋了整個東京都（伊豆群島及小笠原群島除外）、埼玉縣以及神奈川縣的東北部。

因律令制成立的舊國名「武藏」至今仍為人廣泛使用，例如武藏野市、武藏村山市、武藏丘陵森林公園、武藏野台地、JR武藏野線、武藏境站、武藏小金井站以及店家的屋號和大學校名等，證明了仍有許多人對「武藏」這個地名難以忘懷。

也因此，沒有人不知道「武藏」的唸法，這個地名正是如此深植於日本人心中。儘管大部分的人都會毫不猶豫地唸作「MUSASHI」，但若究其緣由卻是相當不可思議。

「武」雖然可以讀作「MU」，但「藏」無論如何都不會是「SASHI」，較常見的發音反而是「KURA」或「ZOU」，或是像東北地區的觀光勝地藏王一樣唸成「ZA」。然而武藏既不

圖一1　五畿七道

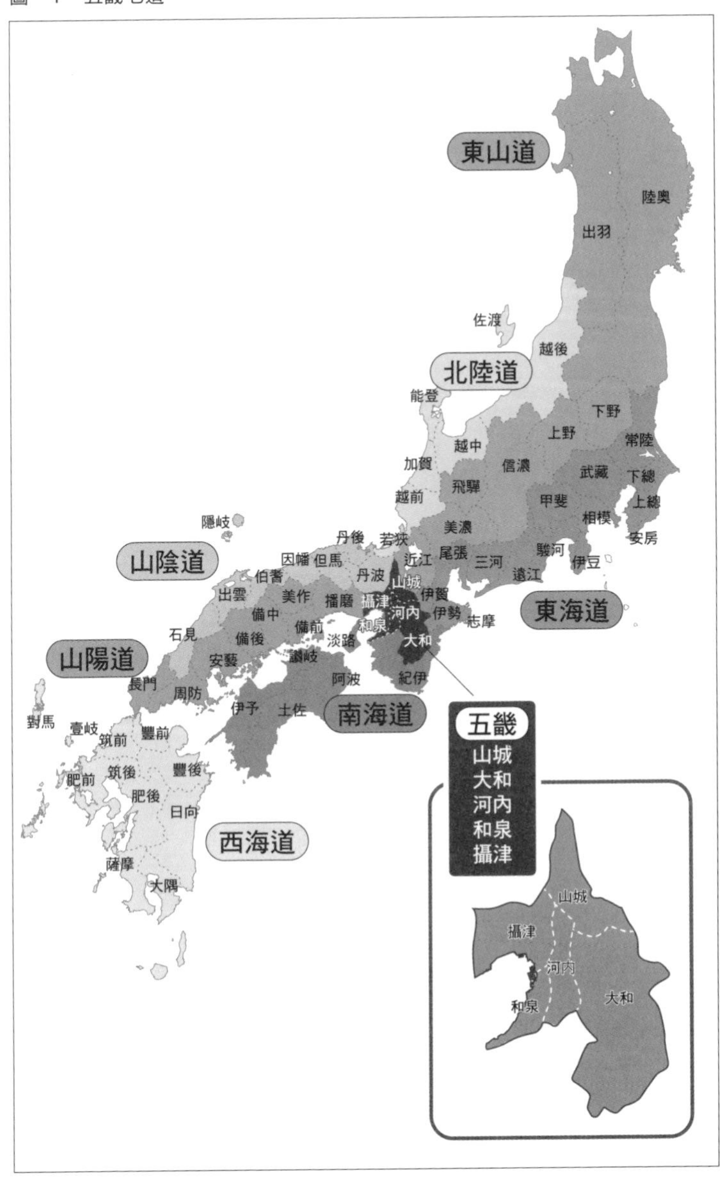
東山道
陸奧
出羽
佐渡
越後
北陸道
能登
下野
上野
常陸
越中
加賀
信濃
武藏
下總
飛驒
越前
甲斐
上總
相模
隱岐
美濃
安房
丹後
若狹
山陰道
因幡
但馬
近江
尾張
駿河
三河
伊豆
伯耆
丹波
遠江
山城
出雲
美作
播磨
攝津
伊賀
河內
伊勢
東海道
備中
和泉
志摩
石見
備後
備前
淡路
大和
山陽道
讚岐
安藝
長門
阿波
紀伊
周防
伊予
土佐
南海道
五畿
山城
大和
河內
和泉
攝津
對馬
壹岐
筑前
豐前
肥前
筑後
豐後
肥後
日向
西海道
薩摩
大隅
山城
攝津
河內
大和
和泉

唸作「MUKURA」或「MUZA」，發音也不是「BUZOU」。大家是否曾經好奇過，為什麼「武藏」會讀成「MUSASHI」呢？

●《二字好字令》把「牟射志」改成「武藏」

由兩個漢字構成的「武藏」在《萬葉集》是以「牟射志」三個字來表示，讀作「MUSASHI」或是有濁音的「MUZASHI」。到了律令時代，西元七一三（和銅六）年頒布的《二字好字令》（諸國郡鄉名著好字令）將日本的所有地名統一成兩個字，所以「MUSASHI」才被套上了「武藏」二字。也就是說，「武藏」其實是假借字。

「武」有威猛或勇敢強悍的意思，「藏」則是指用來儲藏穀物的建築，皆為農耕民族不可或缺的事物，因此「武藏」的確是好字沒錯。

不過，武藏的由來眾說紛紜，其中一種說法認為在古代，曾有一個名為牟佐（MUSA）的國度就位於武藏國和相模國（神奈川縣）一帶。

據說牟佐國在後來分裂成「牟佐上」（MUSAKAMI）和「牟佐下」（MUSASHIMO），其中牟佐上被省略第一個發音成為「SAKAMI」，以「相模」為假借字，牟佐下則是在省略語尾後稱作「MUSASHI」，並冠上「武藏」兩個漢字。

另有一種說法認為，這個地區在古代被稱為佐斯（SASHI）國，而後分裂成佐斯上（SASHIGAMI）和下佐斯（SIMOZASHI），成為後來的相模以及武藏。雖然聽起來有些牽強，但武藏作為地名至今仍充滿謎團，或許這就是人們深受吸引、繼續使用這個名稱的原因也說不定。

2 東京其實不算東海道？

隸屬東山道的武藏國

「五畿七道」除了是日本根據古代律令制最早制定出的行政區劃，同時也是透過人為規劃從畿內呈放射狀延伸的幹線道路名稱（七道驛路）（圖—2）。

七道驛路在大化革新之前就已經出現雛型，不過一直到天武天皇的時代（西元六七三～六八六年）才正式進行整頓，其目的是為了讓畿內與諸國能夠相互連絡，以三十里（約十六公里）的間隔設置驛家[1]，主要供往來洽公的官員使用。

許多人都知道武藏國屬於東海道，但其實並非從一開始便是如此。東海道正如字面上意指「東邊的海線道路」，其原始路徑是從畿內往東行經太平洋沿岸，依序通過伊賀、伊勢、志摩、尾張、三河、遠江、駿河、伊豆、相模，接著不會路過武藏，而是從三浦半島渡海進入房總半島，經過上總和下總，最後通往常陸的國府。武藏國並非東海道，而是東山道的一部分；東山道意即「東邊的山線道路」，亦是從畿內往東側內陸延伸的官道。

為什麼東海道不從相模轉向東京，而是選擇從三浦半島橫渡東京灣，前往位於對岸的房總半島呢？

這是因為流入東京灣的利根川河口一帶在當時還是一片未開發的平原，舉目所及皆是溼地，陸路交通相當困難。雖然只要多花點功夫還是能從相模走陸路到武藏，但是從武藏到下總卻沒有完善的道路，對於要從畿內前往武藏國的官員來說，利用東山道會比走東海道更快抵達目的地。

1 日文為「駅家」或單稱「駅」，即驛站。

圖一2　七道驛路概要圖

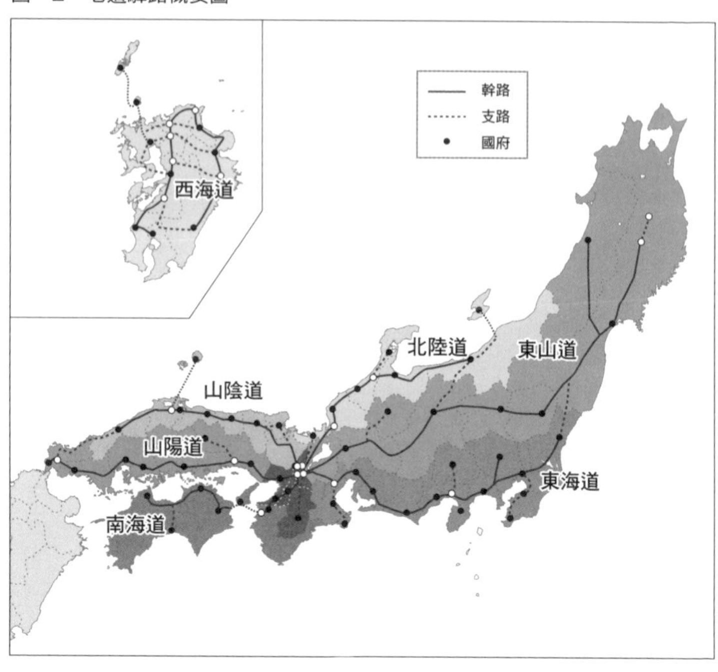

這就是為何武藏國雖然緊鄰太平洋（東京灣）卻隸屬於東山道的原因。到後來，武藏國的行政劃分才從東山道被歸為東海道。

●在國分寺市發現的「東山道武藏路」道路遺跡

由此可知，官員們要前往武藏國時，多半會利用通過內陸山地的東山道，也就是從近江穿越美濃、信濃再前往上野國的路徑。由於飛驒國的國府大幅偏離東山道的主要幹道，因此在美濃國府附近另有一條通往飛驒國的支道；武藏的國府同樣因為遠離東山道的幹道而另闢支道，稱作「東山道武藏路」（圖一3）。

圖一3　東山道武藏路

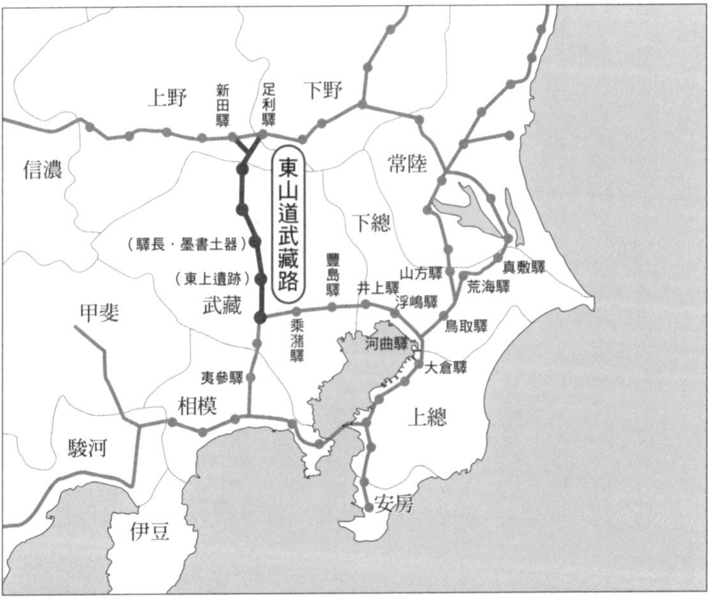

上野
新田驛
足利驛
下野
信濃
東山道武藏路
常陸
下總
（驛長・墨書土器）
（東上遺跡）
豐島驛
山方驛
真敷驛
井上驛
荒海驛
浮嶋驛
甲斐
武藏
乘潴驛
鳥取驛
河曲驛
大倉驛
夷參驛
相模
上總
駿河
安房
伊豆

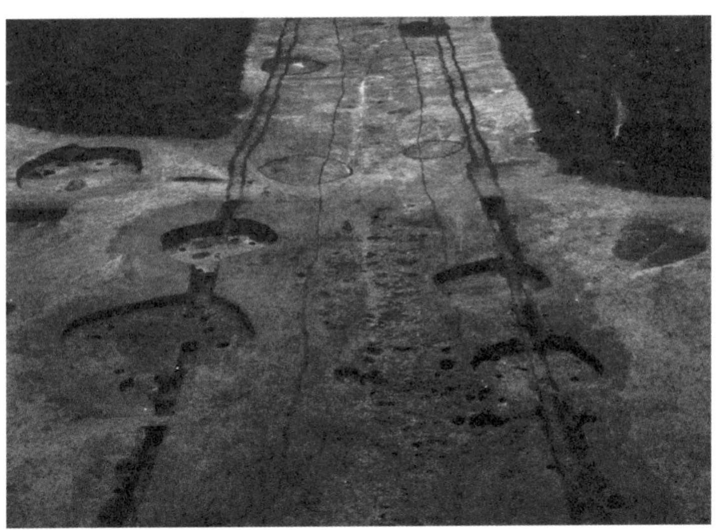

東山道武藏路遺跡（照片提供：所沢市教育委員會）

雖然從上野國直接往東走到下野國比較近，但官員還是必須繞到武藏國，為此就得從上野國的新田驛家南下前往武藏國府（現今東京都府中市），而東山道武藏路正是這條從新田驛家通往武藏國府的道路。

東山道武藏路沿途設有五個驛家，來到武藏國府的官員會再度循著原路北上，抵達下野國的足利驛家之後，繼續朝著下野國的國府（栃木市）前進。武藏國隸屬東山道使得官員們不得不多繞一段遠路，路線設計可說是相當不合理。

為了改善這種沒效率的路程，西元七七一（寶龜二）年於是將武藏國的行政區劃從東山道改為東海道。當時，東海道沿岸已經逐漸開發，人們可以透過陸路相互往來。如果武藏國一直都隸屬於東山道的話，也許東海道的起點就不會是江戶的日本橋了。

西元一九九五（平成七）年，在國分寺市泉町的舊國鐵中央鐵道學園遺址內發現了設有側溝、寬十二公尺、長達四九〇公尺的道路遺跡，備受世人矚目。這正是連接上野國與武藏國國府的東山道武藏路遺跡。

該遺跡目前被保留在地底，上方則鋪著柏油路。這麼長的道路遺跡在日本全國相當少見，具有高度的學術價值，因此以「武藏國分寺跡、附東山道武藏路跡」的名稱被指定為國家史跡。

東京的都心原本是海灣、半島和溼地!?

太田道灌遺留在各地的足跡

在超過十萬年以前，東京灣的面積大得足以與現在的關東平原匹敵，據說直到多摩丘陵、狹山丘陵以及筑波山山麓附近為止都是汪洋一片，意味著說東京二十三區在當時還沉在海平面之下。突然說起這麼久以前的事情，各位或許沒什麼概念，也可能對太古時代的地形提不起興趣。

那麼，不妨換個話題。「江戶」這個地名源自「大河（江）入海的門戶」，在平安時代後期就已經存在，該地後來受到江戶氏的統治，歷經無數變遷之後成為現在的模樣。不過，如果要解釋東京的發展過程，一般都會從在室町時代中期建造江戶城的武將太田道灌開始說起。

為了守護城池，太田道灌把平河天滿宮及築土神社等各方神明的分靈勸請至江戶城附近，並在城內招募士兵進行訓練，以備戰時之需；此外，他也精通和歌與連歌，曾經在城內舉辦歌合[2]。東京所到之處，都能看到太田道灌留下的足跡。

太田道灌在一四五七（長祿元）年建造了江戶城並以此為居，但據說當時的簡陋城池甚至連石牆都沒有，規模之小根本無法與德川家所蓋的江戶城相提並論。

後世推測，太田道灌的江戶城就位在德川江戶城的本丸附近，皇居內目前仍保留著相傳由太田道灌所打造的「道灌堀」。山手線的西日暮里站西側也有一座名為道灌山的高地，位於其南邊的本行寺還可以看到道灌丘碑。

太田道灌在江戶城平河口建造的法恩寺後來

2　一種文學競賽，將歌人分成兩組對坐，比賽誰做的和歌比較優秀。

遷到了ＪＲ總武本線的錦糸町站北側，寺廟境內有其陵墓以及「五輪供養塔」。此外，神奈川縣伊勢原市的大慈寺坐落著他的首塚，胴塚則位於同在伊勢原市的洞昌院內。

在太田道灌迎來人生最後時刻的伊勢原市，每年秋天都會盛大舉辦名為「道灌祭」的例行祭典。位於埼玉縣越生町的龍穩寺內建有太田道灌公墓與他的銅像，另外在山手線的日暮里站前、埼玉縣的川越市役所以及埼玉市的岩槻區役所等處也都設有銅像。

這些地方都與太田道灌淵源匪淺，足以見得他對這個地區的影響有多麼深遠。

● 東京灣的三座港口、江戸前島及日比谷入江

在德川家康於江戸建造居城以前，東京灣的形狀與現在相去甚遠。首先，據推測在東京灣內部有一座往南突出的半島狀沙洲，寬約一～二公里，長約四公里，名為「江戸前島」（圖1－4）。

江戸前島的前端相當於現在的銀座四丁目附近，西側形成了一處寬不到一公里、長約四公里的大海灣，稱作「日比谷入江[3]」，其深處甚及今日的大手町附近。

也就是說在當時，構成東京都心的大手町以及丸之內商業區都還在海平面以下，而從日本橋到銀座一帶則是向東京灣突出的小半島——江戸前島。

注入日比谷入江的是又名「古神田川」的平川，江戸前島東側則是舊石神井川的入海口。過去，隅田川被稱為「入間川」，而在入間川與舊石神井川之間還曾橫臥著比不忍池大上好幾倍的千束池。從前這一帶盡是濕地，呈現一片從現在高樓林立的東京難以想像的遼闊風景。

3　日文的「入江」是海灣的意思。

當時，東京灣內存在著「淺草港」、「江戶港」以及「品川港」三處港口，其中最古老的淺草港早在太田道灌進駐江戶城之前就已經是繁榮的物資集散地。作為淺草地標吸引香客絡繹不絕前來造訪的淺草寺建於西元六二八（推古天皇三十六）年，由此年份便可見得淺草這塊土地的悠

圖一4　日比谷入江、江戶港與現在的地圖

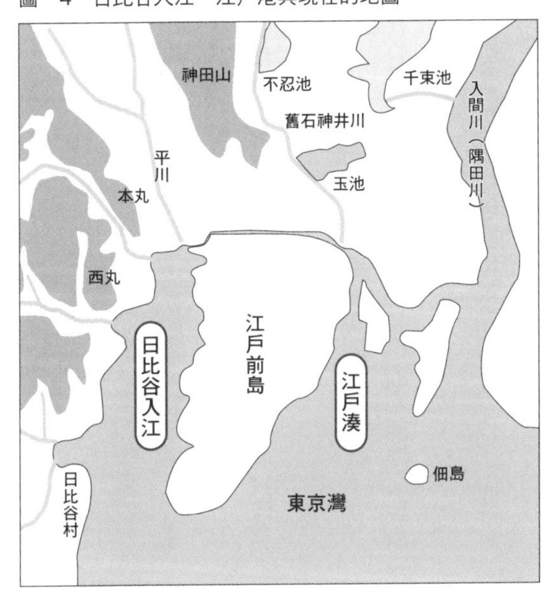

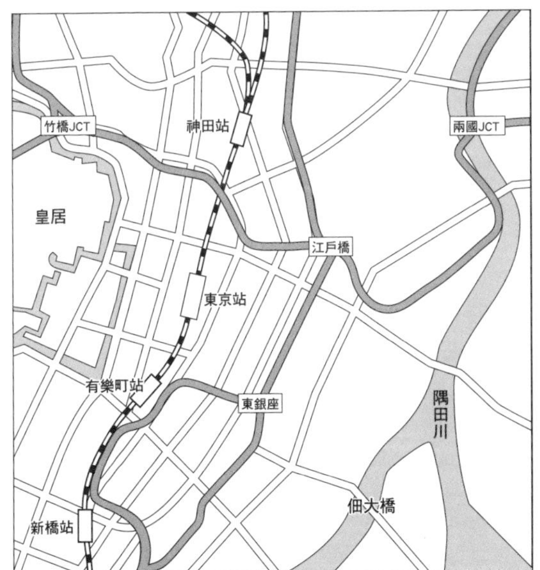

久歷史。當然，淺草寺也正是東京都內最古老的寺廟。

提到品川時，許多人腦中浮現的印象都是可以轉乘東海道新幹線、在來線、私鐵（民營鐵路）和地下鐵的大型轉運站，然而在江戶時代品川是東海道上第一個宿場町，且更早之前也作為品川港蓬勃發展。

品川港位於目黑川的河口附近，據說太田道灌在修建江戶城之前，曾在品川港的御殿山建造居城。雖然也有人說品川港是武藏國國府（府中市）的對外港口，但這裡早在鎌倉時代便與鎌倉關係密切，透過當時的古老文獻，可以得知身為海上運輸要港的品川港曾經相當繁榮。

●江戶的起源是江戶港

和淺草港、品川港同為武藏國代表港口的還有江戶港，推測其位置就在江戶前島東側的小海灣附近，從平安時代末期開始具備港口機能，作為支撐鎌倉幕府經濟的重要港口欣欣向榮。

也有一說認為整個日比谷入江都屬於江戶港的範圍，或是將江戶這個地名解釋成「日比谷入江的門戶」。利用注入東京灣的河川與關東內陸頻繁進行水運貿易的江戶港也因此成為熱鬧繁盛的物資集散地。

由此可知，江戶這個地名是指日比谷入江以及江戶前島周邊的狹小區域。換句話說，若把江戶的根源視為江戶港似乎也不為過。

後來，江戶成了德川幕府的根據地，東京這座巨大都市的基礎自此逐漸成形。

4 江戶的城市營造始於日比谷入江的填海造陸

● 填海造陸的目的是為了保護江戶城

自從西元一五九〇（天正十八）年德川家康依豐臣秀吉之命改封關八州（常陸、下野、上野、武藏、相模、下總、上總、安房）並於江戶建造居城以後，原本荒涼的江戶開始出現劇烈變化。當時德川家康做的第一件事便是開闢運河，因為要將物資送往江戶城，運河是絕對不可或缺的建設。

一六〇〇（慶長六）年，德川家康在關原之戰大敗石田三成後掌握霸權，獲封征夷大將軍創立了江戶幕府，並開始進行城下町的建設。其計畫規模十分龐大，除了江戶城的擴張工程，還包括開鑿運河、整頓江戶港以及開闢土地等等。

不過，要想實現這個計畫，就必須確保大量的勞力與資金，因此德川家康透過天下普請[4]的方式動員各方大名，並按照俸祿多寡來指派土木工程。載著築城用的巨石與建材的船隻接連駛進日比谷入江，大量的人力也隨之湧入；然而，當時江戶的範圍僅限由太田道灌修築的江戶城周邊以及日比谷入江一帶蘆葦叢生的溼地所組成的狹窄區域，為解決土地嚴重不足的問題，於是有了在日比谷入江填海造陸的計畫。

正如前面所述，直到德川家康進駐江戶城為止，今日從大手町到丸之內和新橋一帶都曾是位於海面下的日比谷入江。雖然選擇從這裡開始填平的首要理由是為了解決建地不足的問題，但實際上還有另外一個目的，即鞏固江戶城的防禦。

之所以這麼說，是因為當時的日比谷入江緊鄰江戶城，海浪甚至可以直接打到城牆附近；除

4 依據幕府的命令，由各方大名出錢出力進行築城、治水及修建寺廟等土木工程。

此之外，東京灣上還有來自歐洲的外國船隻頻繁出沒，沒有人能保證這些船不會突然駛進日比谷入江，對江戶城發動攻擊。因此據說日比谷入江的填海造陸也是為了讓江戶城遠離海邊、鞏固防禦以防止外敵入侵。

開闢運河成為江戶發展的原動力

無論如何，填海造陸都需要大量砂土，因此人們利用開鑿運河產生的餘土打造江戶城本丸，並從緊鄰江戶城北部、標高約二十公尺的台地「神田山」開採土石填埋日比谷入江，使這座海灣化身廣大的建築用地，除了建有大名和家臣的宅邸之外，也成為町人（工商業階層）的居所。

比平地略高的台地神田山在被剷平後變成了住宅用地，德川家康把從駿府（靜岡）帶來的家臣和侍從安置於此，人們因此改稱神田山為「駿河台」。現今JR中央線的御茶水站南側，也仍保有「神田駿河台」的地名。

除了日比谷入江，沿岸地區隨後也開始進行填海造陸，江戶的範圍於是逐漸擴大。自此以江戶城為核心的城下町逐步成形，但德川幕府最重視的建設仍是開鑿運河。

除了連接日比谷入江最內陸地區與舊石神井川河口的道三堀、接通江戶與製鹽地行德的小名木川以及南北向貫穿江戶前島的外堀運河以外，大橫川、橫十間川、仙台堀、八丁堀和三十間堀等運河縱橫交錯，交織成眾多船隻往來的物流通路，成為消費城市江戶高度發展的原動力。

5 江戶大火改變了武藏與下總的國境

何謂江戶三大火？

正如日本有句俗諺說：「火災和打架是江戶的精華」，火災在江戶可謂家常便飯，而且動輒就是漫天大火，導致數千人喪生的重大火災其實並不少見。

江戶之所以經常發生火災，除了因為當時還沒有萬全的防火措施以外，幾乎所有的建築物都是木造房屋，加上狹窄的道路使得房舍密集，一旦發生火災就會一發不可收拾，演變成幾乎要吞噬整個城鎮的嚴重災情。

在火災頻傳的江戶，其中又以「明曆大火」、「明和大火」及「文化大火」合稱「江戶三大火災」（圖—5）。

發生在一七七二（明和九）年二月的「明和大火」由於起火點在目黑行人坂附近，因此又被稱為「目黑行人坂大火」。

這場火災肇因於一名無宿人[5]在目黑的大圓寺縱火，死亡人數據說高達一萬數千人。大圓寺至今仍矗立在JR山手線的目黑站西側，即目黑川東岸的行人坂（目黑區下目黑一丁目）上，境內可見為了憑弔火災罹難者而設置的大圓寺石佛群，共有釋迦三尊像以及五百羅漢像等五百尊石佛。

一八〇六（文化三）年三月發生的「文化大火」從芝車町泉岳寺前（港區高輪二丁目）開始延燒，波及範圍超過五百三十町（約五・三平方公里），造成七千餘人喪命。這場大火俗稱「車町火災」，又因為該年是丙寅年，故也稱作「丙寅火災」。

5　又稱「無宿」或「帳外」，指因故被宗門人別改帳（當時的戶籍名冊）除名的百姓，類型大致可分為乞丐、浪人及賭徒。

在江戶三大火災當中，規模最大的是發生在一六五七（明曆三）年一月的「明曆大火」，它與倫敦大火、羅馬大火並列「世界三大火災」，是日本史上最嚴重的一場大火。

●因「明曆大火」而在隅田川增設橋梁

一六五七（明曆三）年一月發生的「明曆大火」從本鄉丸山的本妙寺（現文京區本鄉五丁目，後來遷至豐島區巢鴨五丁目）等三處開始起火，火勢在強風助長下快速延燒，包括江戶城、大名屋敷（宅邸）、神社寺廟和民宅都陷入一片火海，將大半個江戶燒個精光，死亡人數據說高達十萬人以上。

關於起火原因有好幾種說法，其中最普遍的便是認為火源始於一件著火的振袖和服，因此「明曆大火」又得稱「振袖火災」。

據說當時有許多女孩在買下一名死於相思病的少女流轉於二手服飾店的振袖和服後相繼病死，人們因此打算在本妙寺境內將其焚燒以慰少女在天之靈，但就在這時，突如其來的強風把著火的和服吹向本堂，導致本堂開始起火。在西北風的助長下，火勢迅速從湯島和駿河台往日本橋的方向延燒，四周隨即陷入一片火海。逼近的火舌迫使江戶居民逃往隅田川河畔，然而這裡卻無路可退。

當時隅田川上唯一的橋梁就只有日光街道會經過的千住大橋。為了防止外敵入侵，幕府禁止在隅田川架設其他橋梁，把這條河川當作守護江戶城的護城河。

無論對此是否知情，大量人群為了逃離益發猛烈的火勢相繼擠向河岸，導致許多人因為過於擁擠被踩死、跌落隅田川溺死或是葬身火場，現

圖—5 江戶三大火

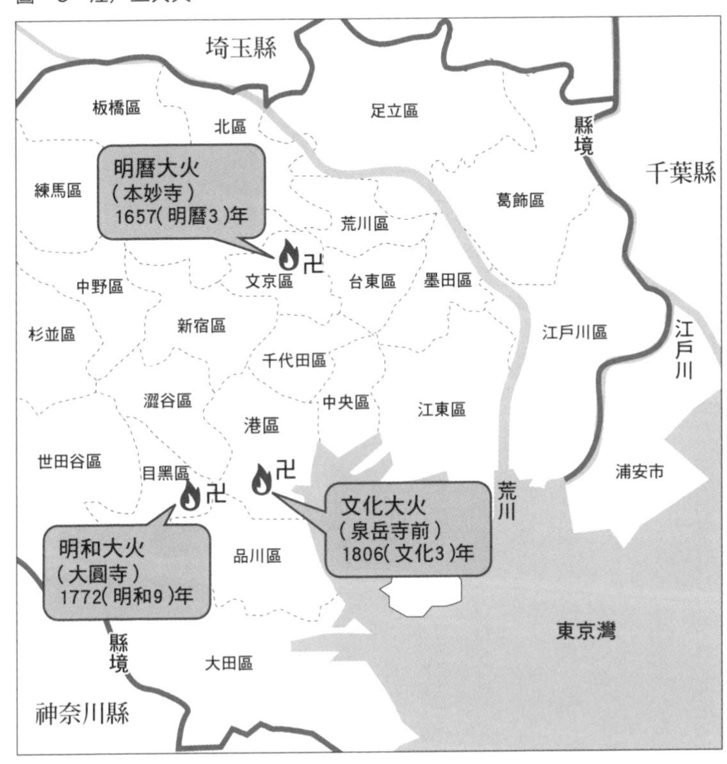

場的慘烈景象宛若戰場。如果隅田川上有其他橋的話，或許就有不少人能獲救。

深深體會到事態嚴重性的幕府於是決定在隅田川上架設橋梁。西元一六六一（寬文元）年，隅田川上繼千住大橋之後的第二座橋宣告完工，人們起初稱之為「大橋」，而後改名為「兩國橋」。

武藏國與下總國的國境從隅田川移往江戶川

在兩國橋落成當時，隅田川是武藏國與下總國的國境，橋名的由來也是因為它橫跨於武藏與下總兩國之間。然而在一六八六（貞享三）年，兩國的國境卻被改為如今位於東京都與千葉縣交界處的江戶川（從京葉道路以下為舊江戶川）。為什麼武藏與下總的國境會從隅田川變成江戶川呢？

面對因「明曆大火」化為焦土的江戶，幕府展開了大膽的都市改造計畫。「明曆大火」可以說讓原本以雜亂無章的方式持續擴大的江戶有了重新改造的可能，也因此有些人甚至認為這場火災是幕府為了實現改造計畫而刻意引發的。

幕府把原本位於城內的大名屋敷遷至城外，還移動了旗本[6]屋敷以及寺廟、神社的位置。他們利用從「明曆大火」學到的教訓強化防火機制，在拓寬道路的同時設置阻擋火勢蔓延的防火空地。

橫跨隅田川的兩國橋使得江戶市街迅速拓展到河川對岸，這座橋的架設正是江戶向外擴張的一大要因。隨著市街擴大至隅田川對岸，江戶的範圍於是跨足武藏國以及下總國，而這種情況對幕府來說並不方便。為了解決這個問題，幕府在評估江戶的未來發展之後，便將國境遷往遠在隅田川東方十公里之外的江戶川。

● 兩國國技館與「明曆大火」的關聯

提到「兩國」，想必許多人都會先想到舉辦大相撲的兩國國技館。實際上，大相撲與吞噬江戶的「明曆大火」並非毫無關聯。

在位於JR總武本線兩國站南側的兩國橋附近，有一間名為回向院的寺廟。這間創建於一六五七（明曆三）年的淨土宗寺廟起源自將軍德川家綱為埋葬在「明曆大火」去世的十萬多名罹難者而建造的「萬人塚」。

6 江戶時代直屬於將軍家、有資格拜謁將軍但俸祿未滿一萬石的武士。

圖一6　江戶三大火—「明和大火」受災情況示意繪圖

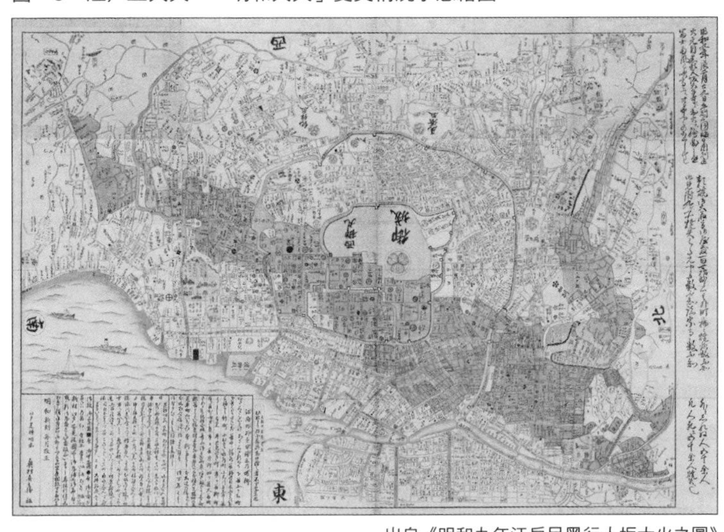

出自《明和九年江戶目黑行人坂大火之圖》

後來，回向院也開始供養因各種天災往生的無主冤魂，吸引許多江戶民眾前往悼念。

有商人看準這裡的人潮，在兩國橋西側的防火空地搭起小劇場及雜貨店等各式店面，兩國於是搖身一變成為江戶最熱鬧的地方。

到了一七六八（明和五）年，回向院境內開始舉辦勸進[7]相撲，最終發展成每年固定春秋兩季舉辦的例行活動。

從一八三三（天保四）年起，大相撲成為回向院的獨家活動，被稱作「回向院相撲」。直到兩國國技館落成的一九〇九（明治四十二）年為止，江戶的大相撲幾乎都是在回向院舉行的。

目前緊鄰兩國站北側的兩國國技館是一九八四（昭和五十九）年完工的第二代建築，並附設有相撲博物館。如果當初沒有發生「明曆大火」的話，兩國也許就不會變成「相撲之町」了。

7　為募集善款以修建寺廟或神社而舉行的相撲。

江戶真的有「大江戶八百八町」嗎？

江戶曾有超過一千六百個町

德川家康剛進駐的時候，江戶只是一個濕地遍布的荒涼農村。家康在一六〇三（慶長八）年獲封征夷大將軍之後開始進行建設，企圖把江戶打造成適合作為幕府根據地的都市。他命人從台地削土填入海灣以及沿海地帶，創造出建築用地並設立町人地[8]，使得江戶的面積逐漸擴張，化身為人稱「大江戶八百八町」的巨大都市。但江戶真的有八百零八個町嗎？其實比起八百零八個，這裡的町數遠遠超過這個數字。

江戶的町數在德川家康定居此地數十年後的寬永年間（一六二四～一六四五）還只有三百多個。其市街規模一口氣擴張的時間點，正是一六五七（明曆三）年讓江戶化成焦土的明曆大火。

被燒得所剩無幾的江戶經幕府之手實施了大幅度的都市改造，大名屋敷、寺廟神社被移往城外，取而代之設立的町人地使得江戶市區人口激增，到了寬文年間（一六六一～一六七三），已經有多達六百七十多個町。

此外在一七一三（正德三）年，原先由地方官員治理的本所、深川以及小石川、赤坂、麻布等地被納入江戶町奉行[9]的管轄，江戶的町數因此膨脹到九百以上，這時就已經超過了八百零八個町。

到了延享年間（一七四四～一七四八），原本隸屬於寺社奉行的門前町[10]也改由江戶町奉行接管，自此江戶便成長為擁有一千六百七十八町與超過百萬人口的世界大城。

「大江戶八百八町」並不是代表江戶真的有

8　住著工匠及商人的工商聚集地。
9　江戶時代隸屬於幕府的官職名稱，負責掌管江戶市內的行政與司法事務。

八百零八個町，而是像人們會將東北著名的日本三景之一的松島稱為「八百八島」，或是把有「水都」之稱的大阪稱作「八百八橋」一樣，藉此來表現江戶的町區多到難以計數。而實際上，江戶的町數甚至曾經超過八百零八的兩倍。

東京二十三區有三千個以上的町

雖然無法單純比較江戶與東京的差別，不過如果問起現在的東京二十三區一共有多少個町，答案是九百三十四個。

其中又以新宿區的九十五町居冠，再來依序

圖－7　江戶的範圍

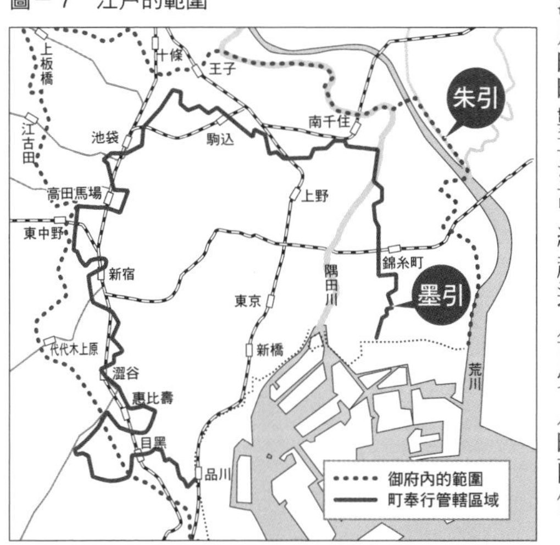

表－1　東京二十三區的町數

區名	町數	將「丁目」列入町後的總町數
千代田	59	115
中央	37	98
港	30	115
新宿	95	153
文京	19	68
台東	34	108
墨田	27	88
江東	45	155
品川	27	130
目黑	27	88
大田	61	216
世田谷	61	278
澀谷	32	80
中野	19	85
杉並	36	139
豐島	20	83
北	30	113
荒川	7	52
板橋	57	109
練馬	46	204
足立	88	269
葛飾	30	155
江戶川	48	198
23區	934	3115

（截至2016年12月底）

10　指在寺廟、神社等宗教建築周邊形成的市街。

是足立區的八十八町、大田區與世田谷區的六十一町以及千代田區的五十九町，最少的荒川區則只有七個町。由於一九六二（昭和三十七）年實施的「住居表示」條例整合了町名，並將住址改以「〇〇町〇丁目」來表示，町的數量因此大為減少；在這之前，東京的町數是現在的好幾倍。

那麼，如果把「〇丁目」也當成一個町來重新計算，二十三區總共會有多少個町呢？

舉例來說，銀座分成一丁目到八丁目，在此就把銀座算成八個町。按照這種計算方式，東京二十三區總計有三千一百一十五個町。

數量最多的世田谷區有二百七十八町，其次是足立區（二百六十九町）、大田區（二百一十六町）、練馬區（二百零四町）及江戶川區（一百九十八町），最少的荒川區則有五十二町。

如此看來，東京二十三區的町數大約是江戶的兩倍左右，然而江戶的面積與現在的東京比起來其實相對狹小許多。

地圖上稱為「朱引」的紅色線條所圍出的區域代表著江戶的範圍（圖－7），若以現在的行政區劃來看，涵蓋了千代田區、中央區、港區、新宿區、文京區、台東區、墨田區及江東區等都心地帶，僅佔整個二十三區不到兩成的面積。

此外，江戶有七成的土地屬於武家用地，寺廟神社又佔去一成五，町人地只有剩下的一成五。換句話說，當時有一千六百七十八個町就擠在現今東京二十三區約百分之三的狹小土地上，可見江戶的一個「町」比「丁目」還要更小。

據說町人地的人口密度有六萬以上，是比東京二十三區（截至二〇一五年十二月約為一萬四八〇人／km^2）高出四倍以上的人口稠密區。

明明沒有荒川流經，為什麼叫作「荒川區」？

利根川與渡良瀨川昔日都流入東京灣

關東平原上有許多河川，因為從江戶時代開始的改道工程導致其河道不斷發生變化。其中最有名的，就屬將原先流入東京灣的利根川改從太平洋出海的「利根川改道工程」了（圖—8）。

直到江戶時代初期，利根川以及後來因足尾礦毒事件而聞名的渡良瀨川是兩條分別注入東京灣的大型河川，但在一六二一（元和七）年展開的河川改道工程被合併為同一水系，於兩條河川的中游將利根川的河道與渡良瀨川相接。

這項工程使得渡良瀨川成為利根川的支流，從兩河匯流處以下的利根川被稱為「古利根川」，流經埼玉縣越谷市東側與中川匯合後流入東京灣，而這條中川正是以前利根川的主流。

利根川改道工程並沒有就此打住。如今利根川最大的支流鬼怒川直到江戶初期本是注入太平洋的獨立河川，後來利根川被引入其河道，這就是利根川東遷作業，即所謂的「改道工程」。這項大規模的土木工程於一六五四（承應三）年完工，昔日注入東京灣的利根川奪取了鬼怒川的河道，從太平洋出海。

如此一來，原本分屬不同水系的利根川與鬼怒川便成了同一水系，鬼怒川也和渡良瀨川一樣淪為利根川的支流。

至於為何要進行利根川改道工程呢？雖然原因眾說紛紜，但最主要的目的應該是為了保護從前每逢大雨就會遭遇水患的江戶不再受到洪水侵擾。而事實也證明，當利根川東遷作業結束之後，江戶發生水災的頻率便大幅減少，人們因此得以在流域附近開闢新田，將關東平原打造成如今的產糧區。

另外，改道後流域廣泛的利根川也肩負起帶動水運貿易的重責大任。儘管也有人主張利根川改道工程是基於防止仙台藩伊達氏侵略江戶的軍事考量，但這番說法並未獲得證實。

● 荒川原本是利根川的支流

如果說利根川是代表關東的河川的話，代表東京的河流應該就是荒川了。荒川發源自聳立於山梨、埼玉與長野三縣交界的甲武信岳，途中流經秩父山地、橫越埼玉縣後注入東京灣。這條對東京而言不可或缺的河川，到江戶初期為止都還是利根川的支流。與原先作為獨立河川流向大海的渡良瀨川和鬼怒川後來變成利根川支流的情況相反，本就屬於利根川支流的荒川則是被從利根川獨立出來。

過去，荒川會在埼玉縣熊谷市附近與利根川合流，然而就在與利根川東遷作業差不多的時期，人們開闢了新的河道，把荒川引向入間川，讓荒川利用入間川的河道流入東京灣。

不用說也知道，東京二十三區之一的荒川區是命名自注入東京灣的一級河川荒川，可是如果仔細查看地圖，就會發現荒川根本沒有流經荒川區。大家是否曾經好奇過，既然如此，為什麼這個地方要取名為「荒川區」呢？

雖然該名稱似乎更適合有荒川流經的足立區，不過位於荒川區與足立區交界處的隅田川，其實才是昔日荒川的主流。

● 荒川疏洪道完工後，荒川變成了隅田川

荒川的下游地區過去經常為水患所苦，尤其

圖－8　利根川東遷

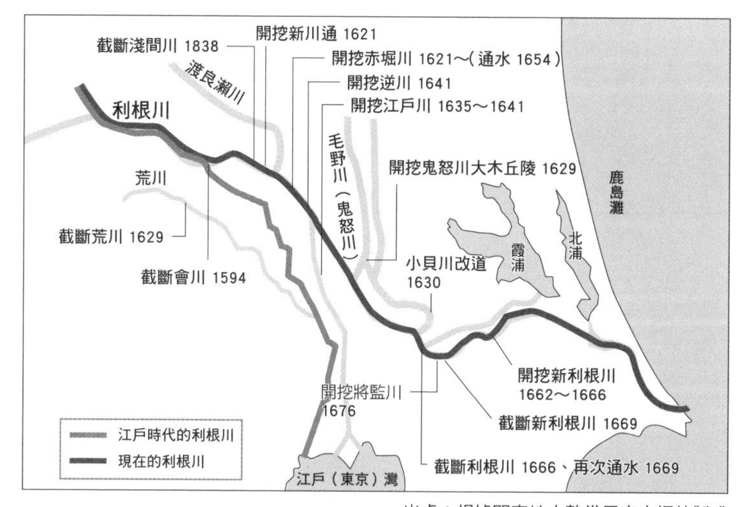

出處：根據關東地方整備局官方網站製成
（http://www.ktr.mlit.go.jp/tonejo/tonejo00185.html）

是一九一〇（明治四十三）年直擊關東地區的颱風造成河水大肆氾濫，導致多摩川、利根川以及荒川的下游流域都發生嚴重災情。以這場洪災為契機，政府擬定了荒川疏洪道的建設計畫，並於翌年開始動工。

雖然土地徵收等問題讓工程進度困難重重，但在歷經了二十年歲月以後，荒川疏洪道於西元一九三〇（昭和五）年竣工。從北區的岩淵水門一直到東京灣的出海口，這條寬五百公尺、全長二十四公里的大型疏洪道使得水災發生的頻率驟減，荒川流域的人口也因此增加。

從千住大橋以下、流經都心的荒川自古又稱「隅田川」，只不過官方的名稱仍是「荒川」。然而，一九六五（昭和四〇）年修訂的《河川法》正式將荒川疏洪道指定為荒川主流，自岩淵水門以下則作為支流改以隅田川作為正式名稱。

東京的其他河川也曾多次在改道工程或開闢水道的影響下改變流向，透過這些河道的變化，便能對東京的發展歷程有所了解。

●「隅田」川與「墨田」區為什麼同音不同字？

隅田川可以說是東京的象徵，就連不住在東京的日本人都認識這條河。隅田川的煙火享譽全國，整個日本應該再也找不到別條全長不足二十四公里，卻有著如此知名度的小型河川了吧。

挾於隅田川和荒川之間的三角地帶北部屬於東京二十三區之一的墨田區，這裡除了有著名的觀光景點東京晴空塔，還有舉辦日本國技大相撲的兩國國技館。墨田區是東京代表性的下町地區，其名稱源自隅田川，然而為什麼隅田川的「隅田」和墨田區的「墨田」（皆唸作 SUMIDA）呈現同音不同字呢？

墨田區是由本所區與向島區在一九四七（昭和二十二）年合併而成，當時政府透過向民眾募集新區名，結果最終被採用的不是得票數最高的「隅田區」，而是「墨田區」。

這是因為「隅」這個字並沒有被包含在前一年（一九四六年）制定的一千八百五十個當用漢字[11]之中，因此政府便從隅田川河堤的別稱「墨堤」取用「墨」字以及「隅田川」的「田」字，寫作「墨田區」。

儘管如此，墨田區內仍可見隅田公園、東墨田公園、隅田川神社、墨田川高校、墨田中學以及隅田小學等名稱，「隅墨混雜」的情況讓人相當混亂。

11　基於漢字過多會造成國民學習困難的主張，文部省制定了《當用漢字表》，試圖限制漢字的使用。但因為該表刪除了許多實際上常用的漢字，政府於是在一九八一年重新制定《常用漢字表》取而代之。

「水都」東京的河川為什麼消失了？

昔日遍布東京各地的渡船

提到「水都」，大部分的人應該都會想到大阪。正如同「大阪八百八橋」之稱，當地確實擁有淀川、安治川、木津川、大和川、堂島川及道頓堀川等大大小小的河流。雖然人們會說「大江戶八百八町」，卻從不會用「八百八橋」來形容江戶（東京），儘管東京其實也曾是一座「水都」。

從德川家康首先開闢運河便能得知，江戶有著縱橫交織的運河及水道。只要檢視古地圖，就會發現江戶是個水源豐沛的城市。

既然有河川，渡船便是必不可少的，幾乎沒有任何都市的渡船能比東京更為蓬勃發展。除了水道及運河是不可或缺的物流通路，而渡船同樣也作為主要的交通手段發揮功能，光是隅田川上就有佃渡口、月島渡口和大川口渡口等二十個以上的渡口，可見江戶是靠著水運發展的都市。

然而幕府基於防禦上的考量，禁止人們在南北向流經江戶市街的隅田川上架橋，直到「明曆大火」（一六五七年）發生之前，日光街道（現為國道四號）行經的千住大橋是隅田川上的唯一一座橋梁，而這也是人們不得不仰賴渡船的原因。不過一旦道路交通變得發達，架橋的必要性也隨之提高，各地於是紛紛開始興建橋梁。

即便如此，隅田川直到江戶末期為止還是只有千住大橋、兩國橋、新大橋、永代橋和吾妻橋這五座橋梁。相較之下，包含鐵路及高速公路的橋梁在內，如今隅田川上的橋梁約有四十座左右。橋的增加導致渡口日漸式微，隨著最後的「汐入渡口」在一九六六（昭和四十一）年遭到廢除之後，隅田川上所有的渡口都已不復存在。

目前在東京只有「矢切渡口」還在繼續運作，這個渡口連結了葛飾區的柴又以及位於江戶川對岸的千葉縣松戶市，在伊藤左千夫的小說《野墓之菊》和以阿寅為主角的知名電影《男人真命苦》等作品的影響下廣為人知。雖然現在以觀光用途為主，卻也有著自江戶初期以來便作為主要交通手段而活躍的悠久歷史。

東京大空襲與汽車普及化使得河川消失

曾有「水都」之稱的東京因為東京大空襲而景色丕變。這場在二戰末期由美軍對日本首都所發動的大規模轟炸行動讓東京化作一片廢墟，空襲次數多達一百次以上。其中，發生在西元一九四五（昭和二十）年三月十日凌晨的大空襲在一夜之間導致超過十萬名東京居民喪生。這是一次人類史上罕見的大殺戮，在歷史上留下一道深刻的傷痕。

東京都心因為這次大空襲成為一具空殼，構成都心的舊東京十五區的人口更是從原本的兩百二十三萬四千人（依據一九四〇年的人口普查）銳減至只剩下五分之一的四十四萬九千人。

為了讓日本盡快從戰敗的創傷中重新振作，當務之急便是修復首都東京，然而堆積如山的瓦礫堵住了所有道路，成為阻礙城市復興的枷鎖。

如果不先清除瓦礫，就無法進行復興作業。但這需要大量的資金，對於財政緊迫的日本來說，復興之路寸步難行。

此時政府採取的措施，是將瓦礫丟進水道及運河當中，如此一來便能省去搬運瓦礫的工程。這種不用花大錢就能展開復興作業的方法被視為當下的最佳對策，不常使用的水路及運河於是接連遭到瓦礫掩埋，搖身一變成為道路。

昭和三〇年代以後，日本經濟進入高度成長期，汽車的普及使得水道和運河再次面臨浩劫。道路上開始充斥著汽車，把東京各地的狹窄道路擠得水洩不通；昔日推動都市交通且活躍一時的路面電車，也逐漸被視為多餘之物遭到廢除。

就連在全盛時期擁有兩百公里以上鐵路網的東京都電，也陸續在一九七二（昭和四十七）年之前廢除了所有路線，如今僅剩早稻田至三之輪橋區段（十二．二公里）繼續營運。

水道及運河也在這個時期成為犧牲品，只因它們是政府拓寬道路的障礙。為了解決這個問題，政府開始實施河川暗渠化。

所謂的暗渠即是指埋設於地底、從表面看不見的水道。只要替利用價值較低的水道或運河加蓋，就能將其上方的空間作為道路或其他用途。

東京的景觀由於水道及運河暗渠化而變得單調枯燥，與昔日的「水都」已是相去甚遠。

一九六四（昭和三十九）年的東京奧運導致這種情況變本加厲，那些免遭填埋或暗渠化的河川上方這回架起了高速公路，就連東京的象徵日本橋也被橫越其上的高架橋遮住而失去原有的風采。此外，河川暗渠化更是加速熱島效應的原因之一。

流經東京的河川名稱之謎

多摩川和玉川有什麼不一樣？

許多從外地來到東京的人都會對指稱同一條河川的名稱有「多摩川」和「玉川」兩種寫法感到困惑[12]，甚至以為它們是流經不同地區的兩條河川。然而在多摩川流域，其實同時存在著「多摩川」和「玉川」兩種地名。

不僅行政地名有東京都的多摩市與神奈川縣的川崎市多摩區，單就地名而言則有調布市的「多摩川」、日野市的「多摩平」以及府中市的「多磨町」。正以為有脈絡可循時，卻又會發現昭島市的「玉川町」、羽村市的「玉川」以及在世田谷區多摩川北岸的「玉川」、「玉川台」和「玉堤」等地名。這些地名雖然分成多摩川和玉川兩種寫法，實際上全都與多摩川有關。

日本國土地理院以「多摩川」作為正式河名。這條全長一百三十八公里的一級河川以聳立在山梨和埼玉縣交界處的秩父山地的笠取山為源頭，下游流經東京和神奈川縣境，最後注入東京灣。從奧多摩湖的流出口以下稱作多摩川，而奧多摩湖以上到與一之瀨川、柳澤川合流的區間則名為丹波川（TABAGAWA）。也有一說認為「多摩川」這個名字正是從丹波川轉化而來。

鐵路車站的名稱也同樣會發生「多摩川」和「玉川」交雜的情況，例如狛江市有小田急線的和泉多摩川站、調布市有京王線的京王多摩川站、大田區也有東急多摩川線及多摩川站；另一方面，世田谷區內的東急田園都市線和大井町線上則有名為二子玉川的車站。將多摩川河畔整頓後形成的公園也有使用「多摩川」或「玉川」命

12 「多摩川」和「玉川」的日文發音皆為「TAMAGAWA」。

圖－9　多摩川和玉川

名的多摩川綠地公園或是二子玉川綠地等等，在世田谷區甚至還出現有些不知所云的「多摩川玉川公園」。

之所以會出現兩種名稱混用的情況，是因為這裡自古就沒有統一名稱，而是存在「多摩」、「玉」、「多麿」和「多麻」等不同的寫法。

江戶時代的人似乎愛用「玉川」。西元一六五二（承應元）年，幕府為了確保江戶市內的飲用水源，打造了一條長四十三公里的水道，把多摩川的河水從羽村引至四谷大木戶。原本這條水渠就算被叫作多摩川上水[13]也不奇怪，但是幕府卻選擇了常用來作為美稱的「玉」字，取名為玉川上水（圖－9）。

自此以後，人們開始混用「多摩川」和「玉川」兩種稱呼。西元一八八九（明治二十二）年實施町村制之際，等等力村及用賀村等十幾個村

13　上水指的是經處理後可飲用的水源，或是供給該水源的渠道。

莊被整併為「玉川村」；雖然由於地處多摩川北岸，村名沿用了河川名稱，卻沒有採用多摩川的寫法，而是選擇效法玉川上水稱為玉川村。

玉川村位於現在的世田谷區南部，至今仍有玉川郵局、玉川警察局、玉川消防局、玉川國小、玉川國中以及玉川醫院等冠有「玉川」二字的公共設施，但二子玉川車站附近卻又有多摩美術大學，讓人有些無所適從。玉川上水作為江戶時代的土木遺產，如今已被指定為國家史跡。

●神田川上的橋為何叫作江戶川橋？

住在關東的人都知道，江戶川是利根川水系的支流，也是流經東京都與千葉縣交界的一級河川。更別提東京二十三區之一的江戶川區正是以其為名，在常磐自動車道上，還有一座橫跨江戶川的大橋叫作江戶川橋。

不過，在文京區也有一座名為江戶川橋的小橋。橋梁撞名或許並不值得大驚小怪，可是江戶川明明就不可能通過這裡，與其相距甚遠的文京區卻出現了江戶川橋。不知道的人想必會覺得十分疑惑，畢竟流經江戶川橋下的分明就是神田川，為什麼架在上面的橋會叫作江戶川橋呢？

除了橋名以外，江戶川橋附近還有東京Metro有樂町線的江戶川橋站（圖－10）；而車站西邊、即神田川北側則有個小巧的都市公園叫作江戶川公園，再往西還有新江戶川公園（現為肥後細川庭園），靠近新宿區的一側也有一所江戶川小學。在一九六六（昭和四十一）年實施住居表示之前，位於目白通東側的「後樂二丁目」有一部分名為江戶川町，「水道一、二丁目」的其中一部分則稱作西江戶川町。

事實上，神田川的中游從前被稱為「江戶

圖－10　流經文京區的江戶川（神田川）

川」，也就是都電荒川線早稻田站到飯田橋站附近為止的區段，直到一九七〇（昭和四十五）年才統稱為「神田川」，而江戶川橋站與江戶川公園便是從當時留下的。神田川源自井之頭公園的井之頭池，在兩國橋附近與隅田川匯流，全長二十四・六公里，是屬於荒川水系的一級河川。

● 在江東區沒有叫作「深川」的河

在東京二十三區內，使用「川」字的區名有荒川區、江戶川區和品川區（圖－11）三區，皆是以河川為名稱由來。「荒川區」之名來自發源於矗立在山梨（甲斐）、埼玉（武藏）及長野（信濃）三縣交界的甲武信岳，最終注入東京灣的荒川；「江戶川區」則取自利根川水系的江戶川，河的另一側便是千葉縣。

「品川區」這個名字來自東海道五十三次[14]

14　指連結江戶與京都的東海道在沿路設置的五十三個宿場。

之一的品川宿，「品川」則是流過附近的目黑川的古名。此外如前所述，雖然墨田區沒有使用「川」這個字，但同樣也是取自河川名稱。

一九四七（昭和二十二）年將東京三十五區整併為二十三區的時候，曾經向一般民眾募集新區名，雖然本所區和向島區合併而成的新區名原本應該是得票數最多的「隅田區」，但因為當用漢字裡沒有「隅」字，所以才被改成「墨田區」（參見第1章第7節）。

那麼，東京三十五區的舊區名又是如何呢？雖然使用「川」字的區名有瀧野川區、小石川區和深川區，然而這三區卻並非全都取自河名。

瀧野川區位於北區南部，相當於現在的瀧野川一～七丁目。其名稱確實由來自河川，但是無論怎麼找沒有叫作「瀧野川」的河。事實上，這個名稱是隅田川的支流——石神井川的別名。

小石川區位於文京區西部，這個舊區名被作為町名（小石川一～五丁目）保留至今。小石川也是取自河川的名字，指的正是通過小石川植物園西側的「千川」；雖然現在由於暗渠化已無法看見水流，但過去因為河裡的小石子很多，所以又得稱「小石川」，成為小石川區的區名由來。

在包含「川」字的區名當中，唯有深川區不是以河川命名。深川區是曾涵蓋江東區西半部的舊區名，現在仍可見於當地的町名（深川一～二丁目）；然而，舊深川區雖然有小名木川、仙台堀川及大橫川這些運河水道，卻不見叫作深川的河流。它並非某條河的別名或古稱，而是打從一開始就不存在。

德川家康進駐江戶之後，積極在沿岸填海造陸並開闢運河，東西向通過江東區北部的小名木川也是其中之一。他在開鑿運河的同時也致力於

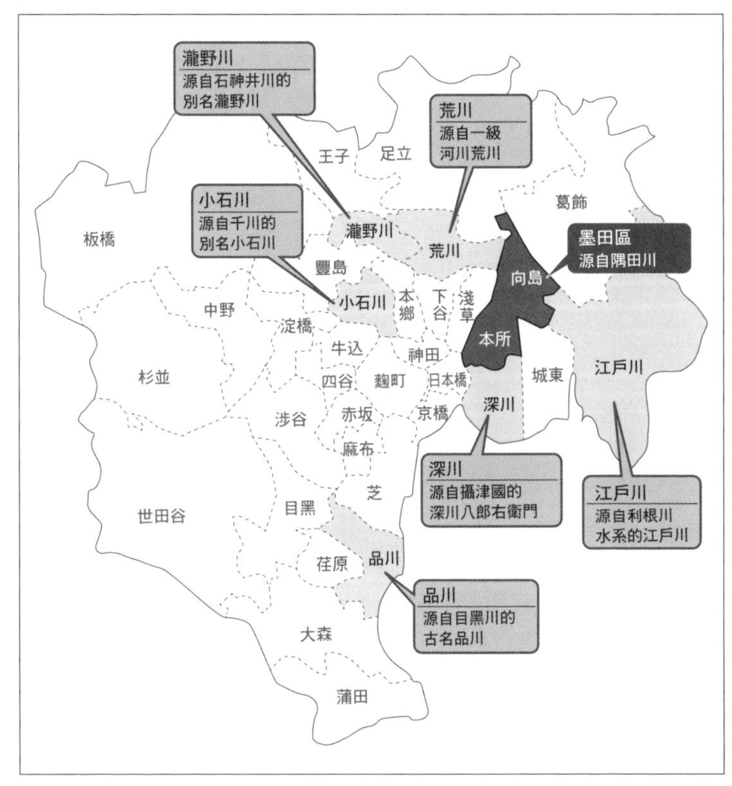

圖－11　出自河川的地名

拓展新田，而小名木川北側一帶便是由攝津國的深川八郎右衛門所開墾，因此這個地方後來被稱為「深川村」。

雖然「深川一、二丁目」位於小名木川南側，深川村的發源地卻是在小名木川北側，即都營地下鐵新宿線森下站南側的深川神明宮附近。綜上所述，可知深川這個地名並非取自河川，而是來自人名。

東京的河川其實比表面上看到的還多

●如果把流過東京的所有河川連在一起會有幾公里長？

日本是山之國，再加上經常降雨，使得河川遍及全國各地。東京自然也有許多河川，雖然很難斷言河川的實際數量，不過可以確定的是，這裡的河川密度高於任何都市。

日本的《河川法》把河川分成四個種類，分別是一級河川、二級河川、準用河川與普通河川。作為「在國土安全與經濟上特別重要的水系」並由國土交通大臣管理的稱為一級水系，屬於一級水系的河就叫作一級河川；二級水系是「攸關公共利益的水系」，管理者為都道府縣的知事；準用河川則是除了一、二級河川以外所有適用《河川法》的河川，由市町村機關負責管理。不適用《河川法》的小河則是普通河川。河川並非單獨的水流，而是像樹木伸出許多枝條一般，由主要的幹流（主流）與好幾條支流（支川）匯聚而成。其上游有可能是不被指定為一、二級河川的準用河川或普通河川，而這一連串的水流系統便稱為水系。流經關東平原的日本第一大河利根川是利根川水系的主流，身為支流的渡良瀨川和鬼怒川最後都會與主流的利根川匯合。

話說回來，東京又有多少條一、二級河川呢？儘管大部分都化作暗渠或是被高架道路遮蔽而不太顯眼，東京的河川事實上遠比肉眼所見的還要更多。整個東京一共包含四個一級水系，但即便是東京的居民，能夠完整回答這四個水系名稱的人卻意外地少。

多數的人就算能馬上答出荒川和多摩川，也

表—2　東京都管轄內的一級河川

水系名	河川名	長度（km）	河川名	長度（km）	河川名	長度（km）
利根川水系	江戶川	10.8	綾瀨川	11.0	垳川	2.3
	舊江戶川	9.4	新中川	7.8	毛長川	7.0
	新川	3.7	大場川	2.4		
	中川	22.2	傳右川	0.6		
荒川水系	荒川	32.8	古石場川	0.6	落合川	3.6
	舊中川	6.7	小名木川	4.6	柳瀨川	7.3
	隅田川	23.5	豎川	5.2	空堀川	15.0
	月島川	0.5	神田川	25.5	奈良橋川	2.9
	大橫川	6.5	日本橋川	4.8	霞川	5.5
	大島川西支川	0.8	龜島川	1.1	成木川	12.7
	大島川東支川	0.8	妙正寺川	9.1	黑澤川	7.1
	大橫川南支川	0.4	江古田川	1.6	北小曾木川	4.8
	北十間川	3.2	善福寺川	8.8	舊綾瀨川	0.4
	橫十間川	3.7	石神井川	25.2	芝川	0.3
	大橫川支川	0.1	新河岸川	8.0	新芝川	1.6
	仙台堀川	1.9	白子川	10.1	直竹川	0.5
	平久川	1.1	黑目川	4.6		
多摩川水系	多摩川	98.7	兵衛川	2.8	北秋川	10.4
	海老取川	1.0	山田川	4.8	平井川	16.5
	矢澤川	3.7	川口川	14.1	冰澤川	1.1
	野川	20.2	南淺川	8.1	鯉川	3.0
	仙川	20.9	案內川	8.0	玉內川	1.5
	丸子川	7.3	城山川	7.1	北大久野川	5.5
	入間川	1.8	御靈谷川	0.8	大荷田川	3.1
	三澤川	5.7	山入川	5.0	鳶巢川	2.5
	大栗川	15.3	小津川	4.0	日原川	9.0
	乞田川	4.4	醍醐川	3.8	小菅川	2.1
	大田川	1.7	殘堀川	14.5	大澤川	3.5
	程久保川	3.8	谷地川	12.9	三澤川分水路	2.7
	淺川	30.2	秋川	33.6		
	湯殿川	8.9	養澤川	7.3		
鶴見川水系	鶴見川	12.8	真光寺川	1.9		
	恩田川	5.5	麻生川	0.6		

對另外兩個水系毫無頭緒，而答案正是利根川和鶴見川。聽到這裡有些人可能會大吃一驚，因為利根川距離東京相當遙遠。

的確，利根川向東一路流經埼玉縣、群馬縣以及茨城和千葉縣的交界，在銚子出海流入太平洋，但它不過是利根川水系的主流，有許多支流會與其匯合或從主流向外分流。被用作區名的江戶川便是屬於利根川水系的一級河川，中川和綾瀨川亦是如此。

另一條鶴見川雖然是從橫濱市鶴見區注入東京灣的一級河川，水源實則來自東京都町田市。流經町田市的恩田川和真光寺川正是屬於鶴見川水系的一級河川。

綜上所述，一級水系雖然只有四個，一級河川卻多達九十二條。隅田川和神田川是荒川水系的一級河川，流經世田谷區的野川和仙川則屬於多摩川水系。如果把一級河川全部連在一起，總長度大約是七百六十公里，比從東京車站到東北本線新青森站的六百七十五公里還多了一百公里以上。當然，東京也有二級河川，只不過二級水系雖然多於一級水系，相應等級的河川數量卻比較少，十個二級水系下的十五條二級河川總長也不過九十五公里左右。其中目黑川和澀谷川便屬於二級河川，但因為還有準用河川以及普通河川的存在，如果把這些也算進來的話，東京的河流總長度很輕鬆地就能突破一千公里。

《36答申》一口氣推動了河川暗渠化

前面曾經提到，流經東京街道的多數河川從地面消失的三個主因，分別是二戰時的東京大空襲、汽車普及化以及一九六四（昭和三十九）年的東京奧運（參考第1章第8節）。其中，東京奧運絕對是河川暗渠化的最大推手。

從現在高樓林立、房舍密集的模樣難以想像的是，戰前的東京呈現著一片農田遍布的恬靜風景。在歷經高度成長期之後，原先的農田由於都市化迅速地變成住宅用地。

一旦沒有田就不需要農業用水，人們於是不再利用玉川上水等渠道引水，使之成了只有下雨時才會有水流的河道，導致棲息在小河裡的小魚和水生植物遭逢浩劫，水岸風景也逐漸消失。

東京近郊開發住宅用地的速度之快甚至讓政府來不及建設完善的下水道。市區在一九六〇年前後的下水道普及率只有兩成左右，因此大部分的家庭及工廠汙水都是直接利用過去滋潤農田的舊渠道排出，昔日的清澈小河沒多久便成了飄散惡臭、孳生蚊蟲的臭水溝，造成居民的衛生環境惡化。忍無可忍的當地住民於是極力催促行政單位實施河川暗渠化，彷彿在說「臭東西就應該蓋起來」。

在這種情況下，一九五九（昭和三十四）年，國際奧林匹克委員會決定將一九六四（昭和三十九）年的奧運辦在東京。這個消息讓整個日本都欣喜若狂，但身為主辦方的東京卻顧不得高興，只因眼下還有許多亟待解決的難題，處理變成臭水溝的河川便是其中之一。飄著惡臭的水溝既不衛生又有礙觀瞻，堪稱身為日本首都的東京之恥，絕不能展現在外國訪客眼前。

一九六一（昭和三十六）年，由「東京都市計畫河川下水道調查特別委員會」向東京都知事提出的調查報告獲得認可。根據這篇俗稱《36答申》的河川現況調查報告，政府決定對這些化為臭水溝的河川加蓋。

為了趕上東京奧運的開幕日期，暗渠化工程

如火如荼地展開，許多舊渠道被改成下水道，流淌在東京的無數條河川都在這個時期化為暗渠。

漫步在東京街頭的時候，經常會碰到一些微微彎曲的道路，它們可能是人行步道、綠色步道、住宅之間的通道或是汽車經過的一般道路。雖然不覺得這些彎道有什麼特殊涵義，但搞不好下方就藏著化為暗渠的水路也說不定。特別是沒有水流通過卻留下欄杆的地方就是河川暗渠化最好的證據。光是在東京都心，就有京橋川、三十間堀川、鐵砲洲川、櫻川、入船川、箱崎川、楓川、檜町川、東堀留川以及西堀留川等數條河流化為暗渠。

●消失的東京河川與再生行動

東京是擁有最多蜿蜒道路的都市，除了大幅受到地形多起伏的影響，遭到暗渠化的河川也是原因之一。其中雖然不乏河道筆直的河流，但絕大多數都是沿著彎曲的弧度流瀉而下。昔日的東京有著如遍布人體的血管一般縱橫交錯的大小河川，它們大部分都在高度經濟成長期以後因為暗渠化而從地面上消失，少了水岸風景的東京街頭於是變得枯燥乏味又死氣沉沉。

住在都會區的人之所以嚮往郊外生活，多半是因為憧憬綠地及水岸等豐富的自然環境。如果東京也能有近在身邊的水岸風光，讓人得以過上放鬆平靜的都市生活，想要移居郊外的人或許也會減少一些。

如今，河川的再生事業盛行於日本各地，期許重現因為都市開發而消失的河川生態，找回河川原本的模樣。而東京的河川也不例外，人們開始掀開暗渠的蓋子，試圖打造充滿水源的空間。

其中一處便是澀谷川。這條二級河川全長七

公里，從沉睡在澀谷站地底的宮益橋一路流經廣尾、南麻布與三田，在濱松町東邊的濱崎橋附近注入東京灣。正式來說，從宮益橋到廣尾天現寺橋為止的二．六公里稱為澀谷川，而後直到河口的四．四公里則是古川。

澀谷川的支流河骨川是歌謠〈春日小川〉的原型，在小田急線代代木八幡站附近有一座「春日小川」的歌碑。雖然河骨川也因為暗渠化失去了昔日風貌，但在當時想必就如同〈春日小川〉所歌頌的一般，呈現一幅青鱂魚和鯽魚在水中優游、岸邊綻放著花草的悠閒風光。

由於暗渠化的影響，澀谷川自澀谷站附近以北的河道幾乎呈現乾涸狀態，然而在都市化之前這裡的水量相當豐沛，除了源自新宿御苑的湧泉，也有從玉川上水引來的水源。

為了找回澀谷川昔日的清流並創造親水的環境，二〇一四（平成二十六）年春天澀谷站周遭透過重新開發讓流經東口站前廣場地底的澀谷川得以揭開上蓋、重見天日。雖然長度只有短短的二百五十公尺左右，人們依然期待只要打造能夠在水岸邊集聚人群的良好環境，將會成為澀谷的一大觀光資源，更加提升街道的魅力。

因為河川改道誕生的「河川飛地」

荒川改道工程讓埼玉縣變成東京都

日本的河流每逢豪雨便會氾濫，在流域內造成嚴重災情，其中又以身形蜿蜒曲折的河川最具風險。為了預防洪水帶來的損失，擁有許多急流的日本在各地展開截彎取直工程，然而改道的河川有時會將原為一體的村鎮一分為二，這時被分到對岸的部分就稱為「河川飛地」。日本第一大河利根川沿岸有無數的河川飛地，而流經東京都和埼玉縣交界的荒川也曾經因為改道工程出現相同情形。

北區的西北邊有個叫作「浮間」的地區，它是挾於荒川和新河岸川之間約兩平方公里面積的一角，有東北・上越新幹線與埼京線從中央貫穿，並設有埼京線的「浮間舟渡站」及「北赤羽站」。這裡自古便是知名的櫻草景點，在田山花袋的《東京近郊一日行樂》以及永井荷風的《葛飾土產》等作品裡都有介紹。浮間地區直到大正末期都屬於埼玉縣，完整地名為「埼玉縣北足立郡橫曾根村大字浮間」。

從前的荒川又彎又窄，現在的新河岸川其實就是當時的河道，它在浮間地區南側拐了一個大彎，於岩淵水門附近與隅田川合流。如此曲折的河道讓荒川每逢大雨必定氾濫，一九一〇（明治四十三）年的荒川大洪水甚至沖毀堤防，導致東京以荒川流域為中心有二十七萬戶房屋泡水、約一百五十萬人受害的慘重災情。這場水災讓政府深刻感受到事態嚴重，開始對荒川進行大規模的截彎取直整治工程（圖—12）。

這次改道工程使得浮間地區與原本隸屬的橫

圖－12　荒川截彎取直後出現的飛地

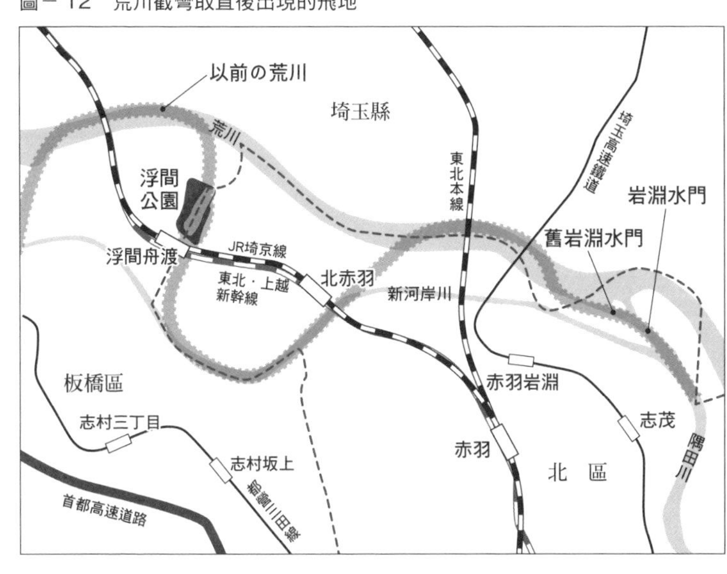

曾根村分隔兩岸，當地居民因此被迫承受各種不便。不僅前往公所時必須搭船渡過比以前更加寬廣的荒川，就連孩童通學也不得不仰賴渡船。如果是風平浪靜的日子倒也還好，然而要是遇上大雨，學童們的生命安全將直接暴露在危險之中。

有鑑於這樣下去無法保障居民的生活安全無虞，埼玉縣橫曾根村的村長與東京府岩淵町的町長於是連署申請將浮間地區編入岩淵町並獲得了認可。一九二六（大正十五）年十月，原屬橫曾根村的浮間地區這才被納入東京府岩淵町（現為東京都北區）的一部分。

●也有在東京都與神奈川縣之間互換的地區

在河川兩側出現相同地名的情況亦時有耳聞，這代表當地的河道曾經因為改道工程而發生變化。

舉例來說，岐阜縣大垣市有部分地區位於揖斐川對岸的安八町內，愛知縣立田村（現為安西市）則有一部分落在木曾川對岸的岐阜縣。此外，千葉縣野田市的古布市、木間瀨、長谷、小山以及莚打等地名也出現在利根川對岸的茨城縣坂東市，這都是因為原本的聚落在河道整治後遭到新河道切割的結果。

相同的情況也可見於身為東京與神奈川交界的境川流域。隔著境川，東京都的町田市以及神奈川縣的相模原市存在著相同的地名。

然而境川絕非大型河川。這條二級河川源自町田市的草戶山（標高三百六十四公尺），於江之島東側注入相模灣，全長五十二・一公里，寬度也不算廣闊。町田市與相模原市之所以具有相同的地名並不是因為境川改道工程導致聚落被分割，而是這裡原本就是夾著河川形成的村莊，所以才會在都縣交界處兩側出現相同地名。

話雖如此，境川也不是從來沒有實施過改道工程。只要觀察河道便能發現境川也同樣蜿蜒曲折，每逢大雨就會氾濫，為沿岸地區帶來嚴重災情。因此為了保護居民免於水患，政府曾經多次進行拓寬河道與截彎取直工程，因此在境川的中游地區也有好幾處因為截彎取直出現的「河川飛地」。

境川由於流經武藏國與相模國邊界（現為町田市與相模原市交界）而得名，可見當時正是以境川的河道為國境（都縣境）。然而多次的改道工程不斷改變河流路線，不時導致部分相模原市落到町田市所在的對岸，或是町田市的一部分跑到另一側與相模原市接壤。這些河川飛地除了造成下水道及垃圾處理等諸多問題，也影響了學童上下學的便利性，在行政方面非常沒有效率。

為了減少境川兩岸的河川飛地與提升行政機能，町田市和相模原市之間曾再三進行協調，都縣境光是自二〇〇〇年代以來就已經改過五次，因而出現神奈川縣民在一夕之間變成東京都民，或是反過來從東京都民變成神奈川縣民的情況。

只不過這般調整因為遲遲無法取得居民同意而難以實踐，許多人都對改變熟悉的住家地址面露難色。看來想要消除所有的河川飛地、讓境川河道與都縣境完全一致，似乎還需要不少時間。

表－3　東京都轄內的二級河川

水系名	河川名	長度（km）
目黑川水系	目黑川	7.8
	蛇崩川	5.1
	北澤川	5.5
	烏山川	11.7
吞川水系	吞川	14.4
	九品佛川	2.6
古川水系	古川	4.4
	澀谷川	2.4
境川水系	境川	28.5
內川水系	內川	1.6
立會川水系	立會川	7.4
越中島川水系	越中島川	0.9
築地川水系	築地川	0.8
汐留川水系	汐留川	0.9
八瀨川水系	八瀨川	1.2

（資料來源：東京都建設局河川部指導調整課2015年3月底）

＊「長度」為流經東京都轄區內的河道長度

東京的歷史就是填海造陸的歷史

江東區有七成以上都是海埔新生地

德川家康自進駐江戶城以來便積極地在江戶灣（東京灣）沿岸填海造陸，目的是為了確保人們的居住空間，以及處理隨著人口增加而從家家戶戶產生的大量垃圾。

正式的填海造陸始於江戶時代，但即便時間從明治進入昭和，造陸工程依然毫無停歇地延續至今。東京的歷史可以說是填海造陸的歷史。

江戶時代隨著運河的開闢，隅田川和中川河口一帶便逐步進行填埋，時至明治時代海埔新生地更加往海面擴大，於明治末期到大正年間陸續在東京灣上打造了佃島、月島以及芝浦。

大正至昭和期間透過填海誕生了晴海、豐洲與東雲地區，並利用目黑川的淤沙打造出天王洲，東京灣沿岸就這樣慢慢地被填成陸地。

若想知道當時填海造陸的誇張程度，透過土地面積增加率便一目了然。只要看看江東區的例子，就不難想像究竟有多少海面被填成陸地。

江東區的面積在一八八二（明治十五）年只有十一．四平方公里，和現在的千代田區差不多大，但在一八九一（明治二十四）年擴大至十八平方公里，到了戰後的一九四八（昭和二十三）年則變成二十二．五四平方公里，只花了半世紀多便成長了將近兩倍。

填海造陸在日本進入高度經濟成長期以後越發興盛，一九七五（昭和五十）年的江東區迅速擴展至三十一．五八平方公里，到了二〇一五年已經來到將近是明治初期四倍之多的四〇．一六平方公里。目前江東區有七成以上的面積是在明治以後填海生成的人造陸地（圖—13）。

光是在一九六〇年代的高度成長期以後，東京灣整體就出現了超過三百平方公里的海埔新生地。不論是東京的「空中門戶」羽田機場還是東京迪士尼都建在海埔新生地上，其面積幾乎等於半個東京二十三區。

圖－13　江東區有70%以上都是海埔新生地

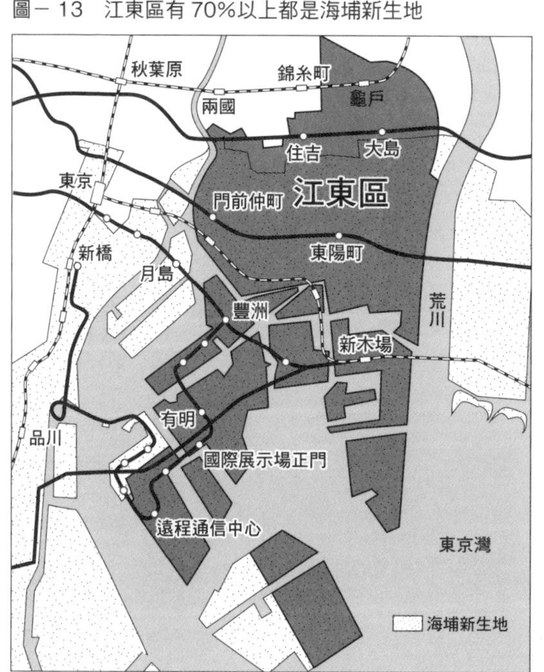

大田區和江東區在海上相連

一九七〇年代以後，政府開始在台場外海進行中央防波堤的填海工程，並從一九九八（平成十）年左右於防波堤外側海埔新生地的南邊著手建造「新海面海埔新生地處理場」。填海造陸使得東京灣日漸縮小，甚至出現原本相隔遙遠的兩個區變成鄰居的奇妙現象。

過去在東京，因為經濟高度成長產生的大量垃圾帶來嚴重問題，政府於是在荒川疏洪道的出海口附近建造「夢之島」作為垃圾處理場。當時，各區因為怕麻煩而互相推卸夢之島的管轄問題，然而在同為海埔新生地的台場重生為臨海副都心的影響之下，情況有了一百八十度的轉變。如今，各區之間反而不斷上演著海埔新生地爭奪戰，從台場內有港區、品川區和江東區三區的交界來看，就能證明海埔新生地的利用價值已重新受到重視，原先的垃圾島瞬間變成了寶藏島。

圖－14　大田區和江東區比鄰而立的中央防波堤外側海埔新生地

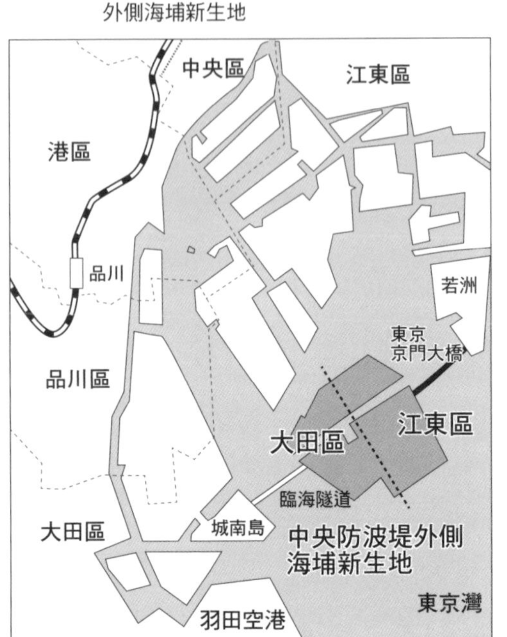

出現在東京灣上的「中央防波堤外側海埔新生地」則分別以東京港鄰海道路的臨海隧道與東京京門大橋連結大田區城南島以及江東區若洲（圖－14）。原本相隔遙遠的大田區和江東區因此成為隔壁鄰居，然而中央防波堤的歸屬至今未有定論，這並非因為大田區和江東區在互踢皮球，而是雙方為了爭奪管轄權不斷地在水面下角力。

位於二十三區南端的大田區與東邊的江戶川區將來也很有可能因為海埔新生地而連在一起。東京的地圖似乎得因應填海造陸的進度而年年更新。

13 建於東京灣上的台場與海堡

培里的黑船促成台場誕生

作為東京臨海副都心的一角且如今是熱門觀光景點的「御台場」其實源自江戶時代所建造的砲台，雖然又稱台場，實際上「砲台場」才是正式的名稱。

時值幕末，外國船隻開始頻繁地在日本近海出沒，想趁幕府衰微之際將日本佔為殖民地。一八五三（嘉永六）年六月，美國東印度艦隊司令馬修．培里（Matthew Calbraith Perry）率領四艘軍艦出現在三浦半島的浦賀外海，史稱「黑船來航」；前所未見的大型軍艦無疑讓幕府嚇得驚慌失措。

培里命人發射大砲，用武力威嚇幕府，並親手交付美國總統菲爾莫爾（Millard Fillmore）的國書，要求日本開國。幕府雖然收下國書卻並未立刻回應，而是以明年再行答覆作為權宜之計。他們當然不願屈服於武力威脅，因而打算趕在培里再度來訪前，於品川外海築造十一座台場，貫徹抗戰到底、擊退外國船艦的作戰計畫。

然而無論再怎麼加緊趕工，都沒可能在培里再次造訪之前完成建設。果不其然，就在施工途中的一八五四（安政元）年一月，培里帶著七艘軍艦現身江戶灣，要求幕府對美國總統的國書給予回覆。這次他比先前更加強硬地要求日本開國，使得原本態度堅決的幕府開始動搖，領悟到日本在武力上毫無勝算。為了讓傷害降到最低，幕府只好答應與美國簽訂《神奈川條約》。

直至培里造訪的同年十一月為止，第一到第三、第五、第六和御殿山下等六座台場宣告完工

（圖—15），然而第四台場卻在中途因為財政困難宣告停工。這些在黑船威脅之下緊急建造的台場不曾真正發揮功能，留存至今的也只有第三台場及第六台場。第三台場如今已被改建成「御台場海濱公園」，第六台場則位在連結芝浦和台場的彩虹大橋（東京港聯絡橋）的南側海面上。

●佃島以前也設有台場

德川幕府雖然透過締結《神奈川條約》避免了武力衝突，卻沒能因此穩固幕藩體制，反而加速了幕府的瓦解。歐美列強趁著幕府大勢已去，接連和日本簽訂《日英和親條約》、《日俄和親條約》以及《日荷和親條約》等不平等條約；而在幕末爆發的薩英戰爭與下關戰爭，則是讓幕府意識到提高江戶防衛機制的必要性。

陷入財政困境的幕府於是把目標從所費不貲的海上砲台轉向海岸砲台，開始在品川到越中島之間建設新砲台，其中之一便是一八六四（元治）年於佃島南端落成的佃島砲台。這座東西寬七十公尺、南北長七十二公尺的砲台規模較小，因此有很多人都不曉得佃島曾經設有砲台，不過這裡直到明治時期仍有作為陸軍的砲台使用。

佃島砲台雖然在一八八七（明治二十）年因月島造陸工程遭到拆除，但為了讓幕末的歷史流傳後世，在砲台原址也設置了「佃島砲台遺址」的導覽看板。

順帶一提，佃島是知名的「佃煮」發源地。當時江戶幕府將立下功勞的攝津國佃村（大阪府）漁民召來江戶，命他們在鐵砲洲對岸打造一座小島，成為佃島的起源。佃島的漁民獲得幕府授予捕撈銀魚的特權，除了會向將軍家進貢銀魚，也會出貨到日本橋的魚市。無法作為商品的

圖－15　江戶的砲台場

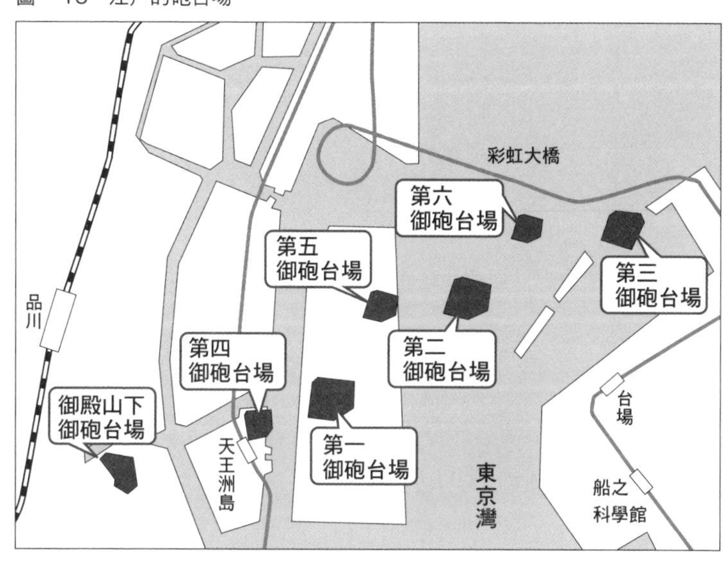

小魚則加上海藻類以醬油和砂糖燉煮，於佃島的住吉神社境內賣給前來參拜的客人，結果一舉博得好評，以「佃煮」之名聞名全國。

●位於東京灣口，名為海堡的砲台場

歐美列強的威脅即便在德川幕府垮台由明治新政府掌權之後也並未消失，新政府切身感受到為了盡快建立起中央集權的國家，就必須先行推動富國強兵。陸軍卿山縣有朋因此主張首要之務便是強化首都東京的防禦，在東京灣沿岸展開多達二十四座砲台的建設工程。

在東京灣的入口處設防是抵禦外敵入侵的先決條件，為此政府在房總半島富津岬與三浦半島之間、東京灣最狹窄的海面上，打造了三座被稱為「海堡」的砲台（圖—16）。

這三座海堡依序從一八八一（明治十四）

圖－16　東京灣上的海堡

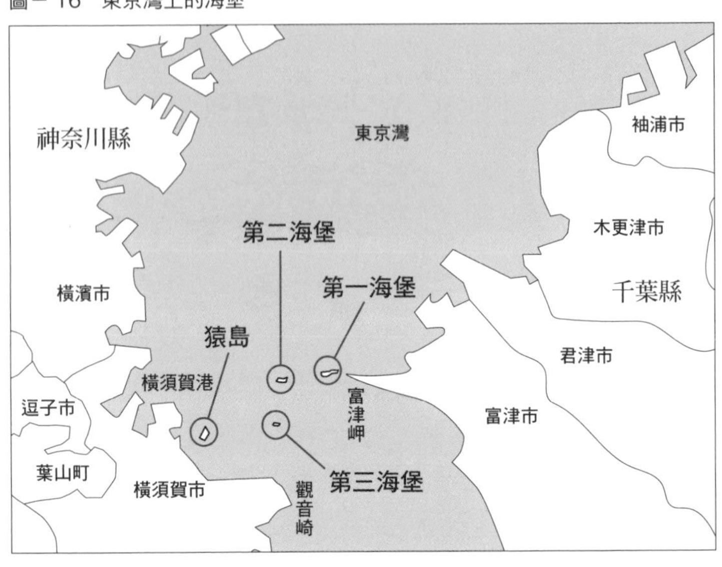

年、一八八九（明治二十二）年與一八九二（明治二十五）年動工，其中第三海堡因為水流強勁以及水深達三十九公尺使得建設困難重重。所有工程直到一九二一（大正十）年才宣告結束，這時距離第一海堡開始施工已經過了四十年。

第三海堡在一九二三（大正十二）年的關東大地震中毀壞，由於殘骸很可能造成海難事故而遭到拆除。儘管是結合砲台、兵舍且耗費重金打造的海上要塞，卻從未被用於實戰。

規模最大的第二海堡有四萬一千平方公尺，直到最近都因為可以搭船登陸受到釣客歡迎，但政府已經在二〇〇五（平成十七）年下令禁航。即便如此，透過殘留下來的台場及海堡遺跡，便能體會當時日本面對歐美列強所感受到的強烈威脅。

14 東京也曾經設有外國人居留地

開放港口與開放市場

所謂的「外國人居留地」是指在特定口岸允許外國人居住或交易的特定區域。在這裡外國人受治外法權保障人身安全，同時也享有領事裁判權和自治行政權，可以自由從事商業活動。

因此，儘管生活習慣迥異的外國人與日本人之間衝突頻傳，但他們將各種西洋文化引進日本，對當地社會影響深遠。

根據德川幕府與美、英、荷、俄、法五國簽訂的通商條約（《安政條約》），指定神奈川（橫濱）、長崎和箱館（函館）於一八五八（安政五）年開港，並於九年後的一八六八（慶應四）年開放兵庫（神戶），一八六九（明治二）年開放了新潟。這五個港口又合稱「開港五港」。

條約中也規定日本必須在這些口岸設置外國人居留地，並且保障外國人在當地的永住權、土地租用權和所有權，如同在日本境內的小型外來國度。

外國人從事商業活動的地點除了開放的港口之外，還有雖然不能永久居住、卻能自由做生意的「開市場」。在神戶開港的一八六八（慶應四）年，有「天下廚房」之稱的大阪成為開市場，而東京則在新潟開港之際被指定為開市場。

位於築地的外國人居留地

位於口岸及開市場的外國人居留地也曾出現在東京築地。正如字面所示，「築地」指的填海築造出來的土地，也就是海埔新生地；其目的是為了用來代替在「明曆大火」燒毀的淺草西本願寺用地，而以佃島居民為中心加以建成。

築地雖然以近來因為要遷往豐洲而備受討論的中央批發市場最為知名，但其實過去在築地鐵砲洲（現今中央區明石町一帶）也曾經設有外國人居留地。

有別於商業興盛、住著許多商人的橫濱、神戶與長崎居留地，築地的居留地充斥著公使館、領事館、學校以及教會，居民也以教師、外交官和醫生等高知識分子居多，因此從勝鬨橋到佃橋為止的隅田川右岸地區盡是一幅充滿異國情調的風景。

從基督教系的青山學院、明治學院、女子聖學院以及雙葉學院皆發祥自築地便能得知，築地的外國人居留地周邊曾形成了一片文教區。

不過，這裡也和橫濱、神戶等港口的居留地一樣，在一八九九（明治三十二）年修改條約並撤銷治外法權的同時，作為居留地的歷史也隨之劃下句點。

昔日築地居留地由「東京運上所」負責管理，如今在隅田川河口附近便設有運上所跡紀念碑。此外各處也能找到像是女子學院發祥地碑等諸多石碑，讓人得以遙想當地的往日風情。

時至今日，築地也依然保留著聖路加國際醫院、聖路加看護大學以及築地教會等與西洋文化關係密切的設施。

第 2 章

了解東京的變遷

「江戶府」這個名稱只維持了兩個月

從江戶到東京

西元一八六七（慶應三）年十一月的大政奉還——即第十五代將軍德川慶喜把政權交還給朝廷之後，延續二百六十餘年的德川幕府瓦解，建立起明治新政府。江戶城於翌年的一八六八年五月開城，由明治新政府接管，自此取代德川幕府統治江戶，著手建立足以對抗歐美列強、立基於富國強兵的中央集權國家。

新政府在同年七月一日設立江戶府，然而就在兩個月後，明治天皇頒布了《江戶改稱為東京詔書》，江戶從此改稱東京，江戶府也跟著變成東京府。接著新政府接收了大和郡山藩上屋敷，並在此設置東京府廳。雖然只有在東京府成立之前的短短兩個月，江戶府確實存在於歷史當中。當明治天皇於翌年的一八六九年從京都移駕至東京，東京便成為日本實質上的首都。

新政府引進歐美諸國先進的地方制度，進行大膽的地方行政改革。東京府的管區原本只有由町奉行掌管的町人地，不過隨著一八七一（明治四）年四月頒布戶籍法並廢除身分制度以後，土地不再有武家地、寺社地或町人地之分，包含武家地和寺社地在內的區域皆被納入東京府的管轄範圍，同時被賦予先前專屬於町人地的町名。

東京二十三區曾經有三個縣

如果說現在的東京二十三區內曾經有縣，或許會令人有些難以置信，不過就在實施廢藩置縣前後的短暫期間，當時的東京府周邊——即現在的二十三區內曾經存在著三個「縣」。新政府為了管理武藏國的舊幕府領以及旗本領，在一八六九（明治二）年設置品川縣、小菅縣與大宮縣（→浦和縣）。雖然一般會以為「縣」是在廢藩置縣之下首創的行政單位，但其實早在該制度推行之前就已經存在。

以現在的行政區劃來說，品川縣涵蓋品川、大田、世田谷、目黑、澀谷、新宿、中野、杉並與練馬各區，加上多摩地區的東部、南部以及部分的埼玉縣與神奈川縣；小菅縣包含足立區、葛飾區、江戶川區、部分荒川區和千葉縣西部；大宮縣則囊括現今板橋區、北區、練馬區和豐島區的一部分以及埼玉縣的部分區域。此外，由於大宮縣在設立後不久就將縣廳遷至浦和宿，因而改稱浦和縣。這三縣後來因為政府在一八七一（明治四）年果斷推行的廢藩置縣，以及緊接著在同年十一月實施的府縣整合而消失。雖然只維持了短短兩年多的時間，東京二十三區內確實存在過三個縣。

● 東京曾有一百個以上的「無名區」

目前東京有二十三個區，儘管這個人口近千萬的巨型都市只被分成二十三區，但就像千代田區、新宿區或文京區一樣，每一區都有各自的名字。在東京府成立之初，都市規模約只有一百萬人，面積更是比現在的二十三區小上許多，但這般狹窄的範圍卻被劃分成超過一百個以上的區，而且都沒有區名。然而稱之為「無名區」其實不全然正確，因為當時其實是以數字代稱。

前面也提到，「朱引」內側是屬於「江戶」的範圍，後來直接變成東京府。一八六九（明治二）年，東京府重新界定朱引的範圍，將內部分成五十個區；一八七一（明治四）年七月實施了廢藩置縣，接著在同年十一月導入名為「大區小區制」的地方制度。政府認為，若想強化中央集權體制，就必須建立能夠顧及末端行政組織的治理系統。

圖－17　11 個大區和 103 個小區

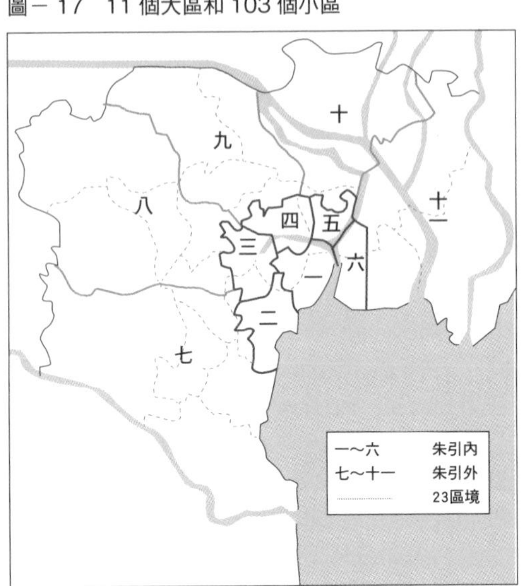

因應「大區小區制」，東京府被分成六大區與其下的九十七小區，也就是由好幾個町村構成一小區，再由好幾個小區組成一大區。而後東京府透過編入鄰近町村等方式反覆調整區劃，一邊擴大範圍，最後再合併六大區外圍的農村地帶，成立從七到十一的五個大區（圖－17）。自此，東京府便覆蓋了目前的二十三區，並細分成十一大區以及一百零三個小區。舉例來說，現在大手町附近的行政區劃在當時是「第一大區二小區」，日本橋則是「第一大區五小區」。

東京是全日本第三十二個誕生的「市」

《郡區町村編制法》將東京重新編成「十五區六郡」

對行政組織進行大膽改革的「大區小區制」只維持了七年便遭到廢除。這是因為各地居民對這種廢止人們長久以來慣用的町村名稱、將所有行政區劃改成數字的機械式管理法怨聲連連，批評這是無視在地情感的官僚主義制度。

為了確立穩固的中央集權體制，政府自然無法忽視末端地方組織的意見。大區小區制於是基於不符合地方實際需求面臨修改。

這時登場並取而代之的，是制訂於一八七八（明治十一）年的《郡區町村編制法》。新法恢復了舊有的郡制，同意人們使用各地自古以來的傳統地名作為行政區域名稱，並由官員為郡、區指派郡長和區長，郡以下的町村則設置民選戶長，賦予一定程度的地方自治。

於是，東京從原本的十一大區一百零三小區變成十五區六郡。中心市街（第一～第六大區）被分成十五區（麴町、神田、日本橋、京橋、芝、麻布、赤坂、四谷、牛込、小石川、本鄉、下谷、淺草、本所及深川），周邊的農村地帶（第七～第十一大區）則劃為六郡，即荏原郡、東多摩郡、南豐島郡、北豐島郡、南足立郡與南葛飾郡（圖－18）。

順帶一提，當時除了東京、京都和大阪以外的其他都市都禁止設區。京都有上京及下京區兩區，大阪則分成東、西、南、北四區。由此可見，能夠設區的只有國家最看重的東京、京都和大阪三府，在其他縣並沒有任何都市獲准設區。

實施市制及町村制讓十五區變成東京市

一八八九（明治二十二）年四月一日實施的**「市制及町村制」**取代了既有的《郡區町村編制法》，自此日本第一次出現名為「市」的地方行政單位，並在全國首先設立了三十一個市（圖－19）。透過地圖可以發現這些市大多都是地方首府所在地，但仍有部分例外。

很多人或許會認為日本最大的都市東京當然也包含在最先實施市制的三十一市之中，然而當中卻找不到東京的名字。實際上東京在這個時候還不是市，而是要等到一個月後的五月一日。換句話說，東京是全日本第三十二個誕生的市。

作為日本首都的東京被其他地方都市超前讓人備感意外，不過這單純只是程序作業上的問題，而非因為東京缺乏成為市的必要條件。名古屋同樣在半年後的十月一日實施市制，而在一九三四（昭和九）年施行市制的埼玉縣浦和市（現今埼玉市），則是所有都道府縣廳所在地中最晚設立市的地區。

形成東京市中心的麴町、神田和日本橋等十五個區於是變成了東京市。正如「東京府麴町區」改為「東京府東京市麴町區」、「東京府神田區」改成「東京府東京市神田區」一般，原先的十五區合併成為名叫東京市的自治體，各區則變成東京市的下級組織。從此以後，東京府便由東京市與其他六郡所構成，並於一八九六（明治二十九）年將南豐島郡與東多摩郡合併為豐多摩郡之後改為一市五郡。

圖－18　東京行政區的推移

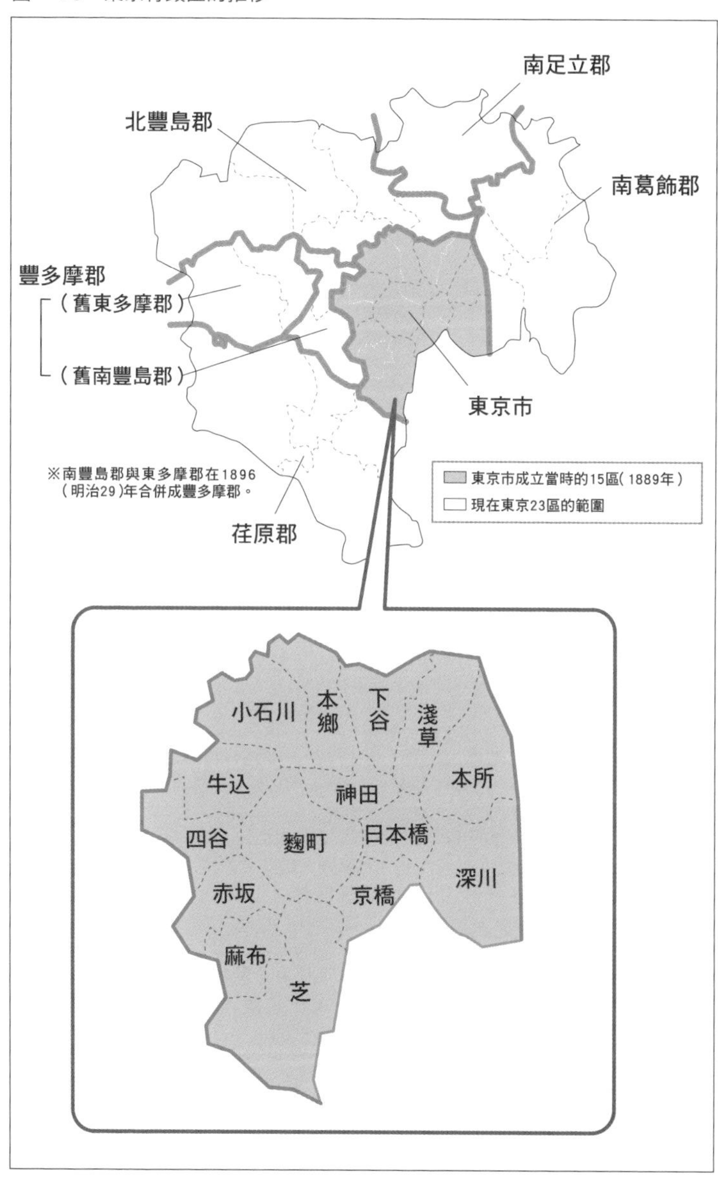

圖－19　比東京更早實施市制的 31 個都市

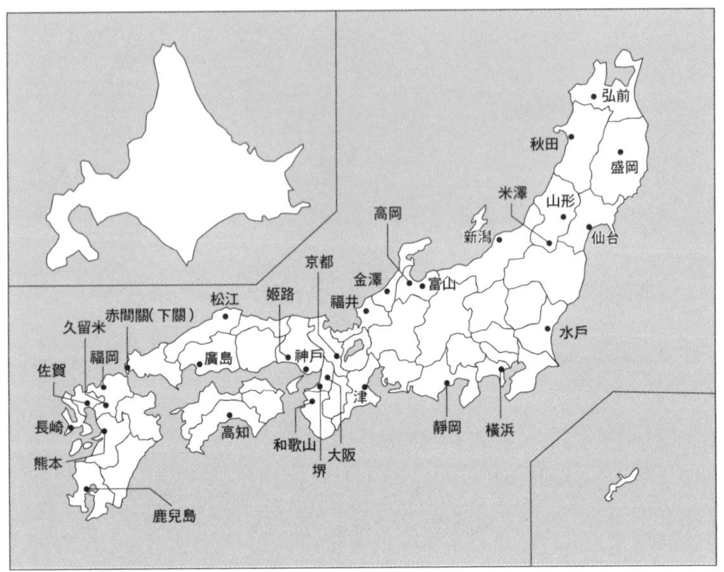

表－4　日本的市的變遷

1889（明治 22）年 4 月 1 日實施市制的 31 市
弘前、盛岡、仙台、秋田、山形、米澤、水戶、橫濱、新潟、富山、高岡、金澤、福井、靜岡、津、京都、大阪、堺、神戶、姬路、和歌山、松江、廣島、赤間關（現今下關市）、高知、福岡、久留米、佐賀、長崎、熊本、鹿兒島
1889（明治 22）年年底前實施市制的 8 市
東京（5 月 1 日）、岡山（6 月 1 日）、甲府、岐阜（7 月 1 日）、名古屋、鳥取、德島（10 月 1 日）、松山（12 月 15 日）
在明治末期以前實施市制的 24 市
青森、福島、若松（現今會津若松市）、宇都宮、前橋、高崎、橫須賀、長岡、高田（現今上越市）、長野、松本、濱松、豐橋、四日市、宇治山田（現今伊勢市）、奈良、尾道、吳、高松、丸龜、門司、小倉、佐世保、大分
在大正以後實施市制的縣廳所在地
千葉、那霸（1921 年）、札幌（1922 年）、宮崎（1924 年）、山口（1929 年）、浦和（現今埼玉市，1934 年）

3 擁有三十五區的大東京市的誕生

東京府約有九成的町村是「村」

東京府以東京市的十五區為中心，環繞於四周的荏原、東多摩、北豐島、南豐島、南足立與南葛飾六郡內的町村多達三百八十餘個，但在實施市制及町村制之後被整併為八十五個。

這八十五個町村大多為村，當中只設立了九個町，分別是品川町、內藤新宿町、淀橋町、板橋町、巢鴨町、岩淵町、千住町、南千住町及新宿町。

相較於江戶五街道上繁榮一時的內藤新宿、板橋、千住、品川四座宿場皆被編列為町，如今熱鬧的東京副都心澀谷在當時卻是名為澀谷村的恬靜村莊，知名的高級住宅區田園調布也只是坐落在多摩川河畔的荒涼村落調布村。此外大崎、蒲田、中野、日暮里和龜戶也全都是村莊等級，六郡內的八十五個町村當中有百分之九十都是村，東京市近郊呈現一片從現在的巨大都市難以想像的田園風景。

然而隨著首都東京的發展，周邊町村的人口漸增並持續都市化，每年都有村莊升格為町，例如澀谷村在一九〇九（明治四十二）年升格為澀谷町，日暮里村與調布村則分別在一九一三（大正二）年以及一九二八（昭和三）年成為日暮里町和東調布町。

東京與大阪的反轉現象——作為日本最大城的大阪市

日本的首都東京隨著國家的經濟發展不斷快速成長，理所當然地是全日本最大的城市。然而其「日本第一」的寶座卻曾經意外被大阪市搶走，這到底是怎麼一回事呢？

根據一九二〇（大正九）年的第一次人口普查（國勢調查），東京市住有二一七・三萬人，大阪市則是一二五・三萬人，前者人口為後者的一・七倍以上。但根據五年後於一九二五（大正十四）年實施的第二次人口普查，大阪市卻以二一一・五萬人超越了東京市的一九九・六萬人，令人不禁好奇為何會發生如此罕見的情況。

西元一九二三（大正十二）年九月，襲擊關東地區南部的關東大地震重創東京，約有十四萬人死亡或失蹤，燒毀的房舍多達三十萬戶，其中又以木造房屋密集的東京下町災情最為嚴重。許多人為了避難紛紛逃往其他縣市，東京的人口也因此銳減。不過，這並不是東京市人口遭到大阪市反超的唯一因素。

第一次人口普查之際，東京市的面積為八十一・二四平方公里，是大阪市五十七・一平方公里的一・四倍以上；但是到了第二次人口普查時雖然東京市的面積不變，大阪市卻合併了周圍的町村，面積一口氣成長了超過三・二倍，來到一八五・一平方公里。由此可知，大阪市由於合併而使範圍擴大才是其人口超越東京的主要原因。根據一九三〇（昭和五）年第三次人口普查，相較於東京的二〇七・一萬人，大阪市則是二四五・四萬人，顯示雙方之間的差距更加擴大。

東京市為何變成三十五區？

一九三二（昭和七）年十月，東京市納入周邊五郡（荏原、豐多摩、北豐島、南足立、南葛飾）的八十二個町村重新編成二十區，再加上原本的十五區，誕生了坐擁三十五區的大東京

圖－20　東京市35區

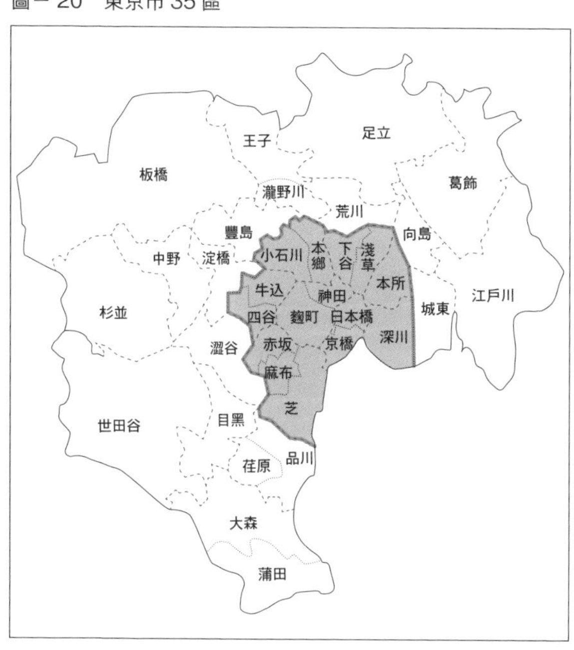

市（圖－20）。不僅面積成長至原先的六・八倍左右來到五五〇・九平方公里，人口更一口氣突破五百萬人（一九三五年的人口普查結果為五八七・六萬人），與大阪市形成兩倍之差，就此重拾「日本第一大城」寶座，總算無愧於首都之名。

然而，東京市合併鄰近町村、擴展範圍的目的並不是因為不甘屈居於大阪市之後，或是為了維護身為首都的尊嚴。日本各地的大都市皆因為人口集中面臨許多都市問題，因而會透過合併周遭的鄰近町村來擴大轄區並增加稅收作為解決之道，以達成健全的都市發展。

東京市同樣也面臨了人口劇增所帶來的居住環境惡化等嚴重問題。畢竟當時的人口密度（人／km^2）超過二萬五千人，與目前東京二十三區的一萬四千八百人相比之下，便能看出當時有多麼擁擠，也因此有必要盡快擴展面積。

制度方面的問題也使得東京市成為最晚實施擴大計畫的大都市，直到一九三二（昭和七）年才終於實現與鄰近五郡八十二町村的大合併。

東京實施市制之初，相鄰的六郡八十五町村當中有七十六個是村，但由於都市化進展快速，後來的八十二町村在被重新編列為二十區之前已包含五十九町二十三村，原本只佔整體不到一成的町一口氣衝上七成的比例。即便如此，還是有二十三個村存在於東京市內。

表－5　新設立的20區（82町村）

區	町村
品川區	品川町、大崎町、大井町
荏原區	荏原町
目黑區	目黑町、碑衾町
大森區	大森町、入新井町、池上町、馬込町、東調布町
蒲田區	蒲田町、羽田町、六鄉町、矢口町
世田谷區	世田谷町、駒澤町、玉川村、松澤村、（千歲村、砧村）
澀谷區	澀谷町、千駄谷町、代代幡町
淀橋區	淀橋町、大久保町、戶塚町、落合町
中野區	中野町、野方町
杉並區	杉並町、和田堀町、高井戶町、井荻町
豐島區	巢鴨町、西巢鴨町、高田町、長崎町
瀧野川區	瀧野川町
王子區	王子町、岩淵町
荒川區	南千住町、日暮里町、三河島町、尾久町
板橋區	板橋町、上板橋村、志村、赤塚村、練馬町、上練馬村、中新井村、石神井村、大泉村
足立區	千住町、西新井町、江北村、舍人村、伊興村、渕江村、梅島村、綾瀨村、花畑村、東渕江村
向島區	吾嬬町、寺島町、隅田町
城東區	龜戶町、大島町、砂町
葛飾區	南綾瀨町、本田町、奧戶町、龜青村、新宿町、金町、水元村
江戶川區	小松川町、松江町、鹿本村、小岩町、篠崎村、瑞江村、葛西村

※千歲村及砧村在1936年（昭和11年）從北多摩郡編入世田谷區。

4 從東京府變成東京都，從三十五區變成二十三區

在太平洋戰爭期間強制推行都制

西元一九四三（昭和十八）年七月實施的都制廢除了「府」和「市」，「東京府」從此變成了「東京都」。

說起一九四三年，正是兩年前爆發的太平洋戰爭最為激烈的時候，真的有必要在這個混亂的時期修改行政制度嗎？但事實上正是因為在戰爭期間，才有必要對首都東京的行政制度做出改變。話雖如此，日本政府肯定也沒想過竟然會在兩年後迎來戰敗的局面。

有別於其他府縣，集政治、行政、經濟等多項中樞管理機能於一身的東京市，擁有其他自治體所無法比擬的龐大財力與發聲權，也因此經常與政府的方針對立並招致混亂。對於強推軍事路線的官方來說，東京可以說是他們的心頭大患。

於是政府使出強硬手段，欲利用都制整合東京市與東京府，藉此奪走東京市的自治權。在東條英機內閣的決議下，東京開始實施都制，使得東京市遭到廢除，三十五區則被納入由官方指派的東京都長官的監控之下。

據說都制的最大目的在於結合府、市兩層行政結構以強化軍事體制。國與都的直接連結導致東京都有不少預算都被編入軍事費用。

然而在戰敗後，於一九四七（昭和二十二）年五月實施的《地方自治法》廢除了過去採行都制的東京都，由根據《地方自治法》、作為普通公共團體的全新東京都取而代之，官派的東京都首長也在這時改為民選的都知事，東京的自治權正式復活。

戰爭導致某些區的人口銳減至二十分之一

第二次世界大戰末期，美軍對東京進行的無差別空襲造成大量傷亡，史稱「東京大空襲」。家園遭到摧毀的人們逃往郊區避難，東京的人口因此急速減少。

東京市的人口在一九四〇（昭和十五）年的人口普查為六七七．九萬人，但是根據戰後一九四五（昭和二十年）十一月的統計資料，這裡的人口卻只剩下二百七十七萬，減少率高達百分之五十九，超過四百萬以上的市民從東京區內人間蒸發。

受害的不只有東京而已。大阪市從三二五．二萬人銳減至一一〇．三萬人，減少率甚至超過東京，達到百分之六十四．一；名古屋市從一三二．八萬人降至五十九．八萬人（五十五%）；橫濱市從九十六．八萬人變成六十二．五萬人（三十五．四%）；神戶市則從九十六．七萬人驟減至三十八萬（六〇．八%），可見所有大都市皆無一倖免。

然而東京並非所有地方都受到相同程度的打擊，各區之間的災情差別甚大，有的呈現毀滅狀態，也有的幾乎毫髮無傷。

其中又以東京的中心地帶災情最為慘重，尤其是屬於下町的淺草、本所、深川及城東各區的人口甚至減少到原本的十分之一以下，以本所區（現在的墨田區）百分九十五．三的減少率居冠，人口從二十七．三萬一口氣降至一．三萬人，著實不到原本的二十分之一。

如此看下來，舊東京市十五區的受災程度較為嚴重，新整合的二十區則整體受害較輕。世田谷區的人口減少率只有百分之一．九，板橋區和杉並區也很低，分別是百分之六．五及十三．

表－6　東京35區的戰前與戰後人口

區名	1940（昭和15）（人）	1945（昭和20）（人）	減少率（%）
麴町	5萬8521	1萬7976	69.3
神田	12萬8178	2萬6436	79.4
日本橋	10萬1777	2萬2876	77.5
京橋	14萬2269	5萬3344	62.5
芝	19萬1445	6萬7116	64.9
麻布	8萬9163	2萬0697	76.8
赤坂	5萬5704	8791	84.2
四谷	7萬6440	1萬1245	85.3
牛込	12萬8888	2萬0771	83.9
淀橋	18萬9152	5萬1090	73.0
小石川	15萬4655	4萬3444	71.9
本鄉	14萬6146	4萬9304	66.3
下谷	18萬9191	5萬9988	68.3
淺草	27萬1063	2萬4581	90.9
本所	27萬3407	1萬2753	95.3
向島	20萬6402	6萬4842	68.6
深川	22萬6754	1萬4094	93.8
城東	19萬2400	1萬1114	94.2
荏原	18萬8100	5萬3708	71.4
品川	23萬1303	8萬9782	61.2
目黑	19萬8795	12萬1333	39.0
大森	27萬8985	16萬0865	42.3
蒲田	25萬2799	5萬2135	79.4
世田谷	28萬1804	27萬6450	1.9
澀谷	25萬6706	8萬4067	67.3
中野	21萬4117	12萬4011	42.1
杉並	24萬5435	21萬1229	13.9
豐島	31萬2209	9萬2192	70.5
瀧野川	13萬0705	3萬6494	72.1
王子	22萬0304	10萬1807	53.8
荒川	35萬1281	8萬4010	76.1
板橋	23萬3115	21萬7974	6.5
足立	23萬1246	17萬2437	25.4
葛飾	15萬3041	17萬1557	+12.1
江戶川	17萬7304	14萬6497	17.4
35區合計	677萬8804	277萬7010	59.0

九；葛飾區的人口甚至不減反增，但並不是因為這裡沒受到波及，而是增加了從都心前來避難的人。

●三十五區被整合成二十三區的原因

無論如何，東京中心各區的人口明顯減少，就財政上來說也陷入困境，難以各自獨立運作。三十五區在戰爭爆發以前，人口未滿十萬人的只有位於都心且面積狹小的麴町區、麻布區、赤坂區和四谷區。但是當戰爭結束，三十五區當中有二十五區的人口都跌破十萬人，赤坂區的人口甚至不到一萬，淪落到和町村同一等級（表—6）。

若想復興在戰爭中化作焦土的東京，先決條件便是強化各區財政，然而戰爭帶來的災害卻讓各區人口嚴重失衡。

明明人口最多的世田谷區有將近二十八萬人，最少的赤坂區卻只有不到八千八百人，兩區之間的差異超過三十倍。如果不先調整這個差距，實在很難期待地方行政可以完善運作。

因此，政府在一九四七（昭和二十二）年三月將東京三十五區整併為二十二區，接著又在同年八月從面積廣大的板橋區分出練馬區，形成二十三個特別區（圖—21）。

根據《地方自治法》規定，二十三特別區是和市町村擁有同等自治權的「基礎地方公共團體」，與大阪、橫濱及名古屋等大都市的行政區有著根本上的不同。

相較於特別區可以透過選舉選出區長和區議會議員，行政區卻只是市的下級單位，也沒有所謂的區議會議員。換句話說，東京二十三區可說是擁有獨立自治權的二十三個市的集合體。

順帶一提，二十三區中的世田谷區人口目

圖一21　從35區變成23區

前甚至已經超過了相模原、新潟、靜岡、濱松、堺、岡山及熊本等七座政令指定都市[1]。

1 指根據《地方自治法》由行政命令指定的都市，基本條件為擁有五十萬人以上的人口，可在各方面比一般都市享有更多自治權限。

透過公開徵選而決定的新區名

被排除在徵選名單之外的千代田區

為了盡快復興因二戰化為廢墟的首都東京，三十五區在GHQ（General Headquarters，盟軍最高司令官總司令部）的一聲令下被整合成二十三區。合併的對象包括舊東京市的十五區加上附近人口明顯減少的九區（淀橋、向島、城東、品川、荏原、大森、蒲田、瀧野川、王子），總共二十四區被合併成十一區，再加上原本保留的十一區後變成二十二區；另一方面受戰爭影響程度較輕、面積廣闊的板橋區反而遭到切割，從中獨立出練馬區，因而形成了二十三區。

合併後首先面臨的問題便是這些新區的名稱，《東京新聞》為此舉辦了決定新區名的公開徵選活動。雖然向民眾募集合併後新設的自治體名稱如今已是見怪不怪，但在當時卻是一項劃時代的大型活動，更因為備有獎金吸引不少民眾關注，在一時之間造成廣大迴響。

合併後新設立的十一區當中，由麴町區與神田區合併誕生的「千代田區」因為已經搶先其他各區定下名稱，而被排除在徵選名單之外。「千代田」取自江戶城的別稱「千代田城」，由於麴町和神田二區都是作為江戶城所在地一路發展而來，這個名稱似乎獲得了一致認可。

得票數較高的區名未能獲得採用

經常讓人感到困惑的是，從新自治體的徵名活動中獲選的往往不是得票數較高的候補，而是幾乎乏人問津的候選名稱。這種情況也出現在東京新區名的徵選活動上，採用得票數最高者作為新區名的地方只有合併日本橋區、京橋區成立的「中央區」以及合併深川區與城東區的「江東區」；除了牛込、四谷、淀橋三區所形成的「新宿區」與合併本所、向島而成的「墨田區」分別出自第三和第二名以外，其他各區都採用了得票數較低的候補，其中文京、台東、品川與大田四

表－7　透過公開徵名活動誕生的新區名

合併前舊區名	票選排名	新區名
日本橋 京橋	①中央②江戶③銀座④大江戶⑤日京⑥江戶橋⑦榮⑧朝日⑨昭和⑩八重洲⑪東京⑫常盤⑬旭⑭中⑮二橋	中央
芝、赤坂 麻布	①愛宕②青山③青葉④飯倉⑤三田⑥富士見⑦山手⑧高輪⑨山王⑩港⑪常盤⑫綠⑬八千代⑭新橋⑮大和	港
牛込、四谷 淀橋	①戶山②山手③新宿④早稻田⑤武藏野⑥富士見⑦花園⑧市谷⑨城西⑩西⑪代代木⑫武藏⑬京西⑭中央⑮御園	新宿
小石川 本鄉	①春日②湯島③富士見④音羽⑤山手⑥白山⑦駒込⑧彌生⑨八千代⑩後樂⑪曙⑫大和⑬城北⑭常盤⑮京北	文京
下谷 淺草	①上野②下町③太平④隅田⑤淺谷⑥京北⑦花園⑧吾妻⑨山下⑩觀音⑪榮⑫櫻⑬吉野⑭昭和⑮曙	台東
本所 向島	①隅田②墨田③吾妻④隅田川⑤江東⑥本島⑦兩國⑧言問⑨吾嬬⑩業平⑪東⑫千歲⑬太平⑭大川⑮櫻	墨田
深川 城東	①江東②永大③辰巳④清澄⑤東⑥隅田⑦小名木川⑧東川⑨州崎⑩龜戶⑪曙⑫東陽⑬深城⑭八幡⑮鰻	江東
品川 荏原	①大井②東海③城南④八山⑤港⑥大崎⑦高輪⑧川原⑨京濱⑩品原⑪山手⑫五反田⑬京南⑭御殿山⑮武藏	品川
大森 蒲田	①東海②六鄉③京濱④池上⑤多摩川⑥多摩⑦羽田⑧城南⑨森田⑩玉川⑪京南⑫南⑬港⑭本城寺⑮臨海	大田
王子 瀧野川	①飛鳥②飛鳥山③赤羽④京北⑤城北⑥武藏野⑦北⑧十條⑨王瀧⑩櫻⑪田端⑫瀧王⑬紅葉⑭花園⑮瀧王子	北

（出自《東京新聞》實施之新區名票選排名）

區的名稱甚至沒有入圍前十五名，就算被懷疑有黑箱作業也無可厚非。

小石川區和本鄉區合併後採用的名稱「文京區」據說就只有投稿的小石川區役所職員所投下的唯一一票。之所以獲得採用，貌似是因為所有人一致認同這裡是東京第一的文教地區，對符合當地特質的「文京」一詞給予高度評價；也或許是覺得取名「文教區」實在過於直接，才把其中的「教」字改成東京的「京」[2]。

下谷區和淺草區在合併之後為了該取名為「上野區」還是「淺草區」而引發爭論，最後卻是以毫無關聯的「台東區」拍板定案。「台東」二字的由來據說是出自「上野台之東」，因為淺草就位於上野台東邊，這麼一來便能顧及到雙方的顏面。

● 合成區名只有大田區嗎？

從合併的兩地各取一字組成的合成地名並非始於今日，一八八九（明治二十二）年實施市制及町村制以後（史稱「明治大合併」），日本就出現了大量的合成地名。雖說是出自國家強烈希望能「考量到居民觀感，從合併之町村各取一字作為新地名」，合成地名在地名研究家與學者之間卻是風評不佳。這種命名方法導致許多自古傳承下來的傳統地名隨之消失，只因當時將舊地名分解重組而來的新地名儘管毫無價值與意義，卻如雨後春筍般不斷量產。

東京的新區名徵選活動也出現了合成區名，那就是由大森區及蒲田區合併誕生的「大田區」。但是該名稱甚至沒有入圍候選名單的前十五名，而用大森區的「森」與蒲田區的「田」組成的「森田區」雖然排名第九卻未能獲選。如果

2　日文中的「教」跟「京」發音相同。

說合成區名遭到眾人敬而遠之的話，大田區獲選的理由就更令人不解了。

除了大田區，本所區及向島區合併而成的「墨田區」亦是屬於合成區名，即取自隅田川堤的別名「墨堤」的「墨」字和隅田川的「田」（參考第1章第7項）。另外還有好幾個合成地名也擠上了候選名單，例如「二橋區」作為日本橋區與京橋區合併後的新區名徵選排行第十五名，是將日本「橋」與京「橋」合稱為「二座橋」，似乎也可以算是一種合成地名。

下谷區和淺草區合併後的新區名候補以「淺谷區」排行第五，顯然是由淺草的「淺」與下谷的「谷」結合而成；本所區和向島區的合併以取自本所區的「本」與向島區的「島」所組成的「本島區」排行第六，而城東區與深川區合併後的新區名則以從兩區各取一字的「東川區」及「深城區」分別入圍徵選名單的第八名和第十三名。就連得票數最高的江東區也算是一種合成地名，雖然江東意指「隅田川之東」，不過「江」也可以代表深川的「川」，而「東」則是出自城東區。

唯一沿用舊區名的「品川區」是由品川區和荏原區整併而成，入圍第十名的「品原區」結合了品川的「品」以及荏原的「原」；由瀧野川區和王子區合併後誕生的北區在名單上也出現了三個合成區名，分別是「王瀧區」、「瀧王區」以及「瀧王子區」，或許是出自當地居民想盡可能保留舊地名的強烈渴望。

大受好評的方位區名及祥瑞地名

在政令指定都市的行政區當中，應屬方位區名最為常見。例如東區、西區、南區、北區，或是中區、港北區、西成區和小倉北區等等，使用方位詞的區名壓倒性地多。二十個政令指定都市中只有仙台、川崎與靜岡完全沒有方位區名，剩下的十七市則都有以方位為名的區，最主要的原因自然是因為這種名稱簡單易懂又直截了當。

東京都的新區名徵選活動也有好幾個方位區名獲得提名，實際上獲得採用的就有中央區、台東區、江東區以及北區這四個區。

入圍候選名單但未經採用的區名諸如城西、城南、城北、京西、京南、京北，或者是東、西、南、北、中等等，其中京北區甚至同時是文京區、台東區和北區三區的候補。這樣看來，人們或許很喜歡用方位來表示自己的所在地。

祥瑞地名顧名思義就是指擁有吉祥寓意的地名，這種地名同樣很受日本人歡迎，並在募集新區名時大量出現。舉例來說諸如榮區、八千代區、花園區、朝日區、常盤區、曙區、千歲區及太平區等等，只不過卻沒有任何一個雀屏中選。

比較特別的例子則是在深川區與城東區的合併新區名候補排名第十五的「鰻區」，這或許與深川相傳是鰻魚養殖的發源地有關。

隨著因戰爭遭受嚴重毀壞的二十四區被整合成十一區，當中除了保留舊區名的品川區之外，已不復見其餘二十三區的名稱。但即使不再作為區名，地名卻沒有完全消失，絕大多數都還被當成區內的地名沿用至今。

不僅千代田區還可以看到舊區名的「麴町」及「神田」，中央區的「日本橋」、「京橋」、港區的「赤坂」、「麻布」、「芝」以及文京區的「小石川」與「本鄉」等如今也依然作為正式的地名保留下來。

伊豆群島為何是由東京管轄？

伊豆群島原本隸屬靜岡縣

從伊豆半島東側外海往南延伸的伊豆群島是東京的管區，然而和東京相隔遙遠的伊豆群島為什麼不是歸屬靜岡縣、而是由東京管轄呢？

位於伊豆群島最北端的大島緊鄰靜岡縣的伊豆半島東岸，應該有不少人在前往伊豆群島旅遊期間，因為島上的汽車車牌全都寫著「品川」而大吃一驚。伊豆半島明明屬於靜岡縣，為什麼伊豆群島卻是隸屬於東京都呢？

回顧歷史，在江戶時代用來流放犯人的伊豆群島作為幕府的直轄地被納入伊豆韮山代官所的管轄之下，但是在幕府瓦解後歸韮山縣所管。一八七一（明治四）年十一月，韮山縣與小田原縣和荻野山中縣（相模）合併為足柄縣，隨後又因一八七六（明治九）年四月的府縣整合被分割編入神奈川縣以及靜岡縣，伊豆群島和伊豆半島也因此雙雙成為靜岡縣的轄區。

然而這樣的編制並未維持多久。兩年後的一八七八年一月，伊豆群島脫離了伊豆半島，被編入東京府。如果是神奈川縣也就罷了，為什麼政府要將它移交遙遠的東京府管理呢？

之所以只有伊豆群島從靜岡縣變成東京府，是因為伊豆群島和江戶自古便存在海上航路，在人員與經濟上都有頻繁交流。

島上的居民靠著把鹽、漁獲和紡織品「黃八丈」等特產賣到江戶以維持生計，並用賺取的收入購買食物及日用品帶回島上。對伊豆群島的居民來說，比起鄰近的伊豆半島，他們與遠方的江戶關係更為密切。因此當足柄縣要被分割編入靜岡縣時，島上的居民還曾發起運動，希望政府將他們編進東京府；多虧了他們的努力，伊豆群島於是與伊豆半島分道揚鑣，正式成為東京府的管區。

小笠原群島也交由東京管轄

隸屬東京的不只有伊豆群島，在其南方的小笠原群島亦是如此。小笠原群島是漂浮於東京南方太平洋上的三十多個島嶼，距離東京中心一千公里以上，卻不知為何屬於東京的管轄範圍。相傳信濃的戰國武將小笠原貞賴在西元一五九三（文祿二）年發現了這座群島，而這也正是島的名稱由來。

在那之後，來自英、美等國的外國船隻曾多次造訪小笠原群島，還有夏威夷裔的居民移居至此，時至幕末美國東印度艦隊司令培里亦曾經登陸。當日本在一八七六（明治九）年三月向各國宣告小笠原群島歸日本統治以後，這裡正式成為日本領土，最初由內務省負責管理，於四年後的一八八〇（明治十三）年十月移交東京府（圖－22）。

至於把距離如此遙遠的群島列入東京管區的原因，是因為小笠原群島和伊豆群島一樣都位於東京正南方，對於追求軍事路線的明治政府來說很有可能成為一個具有重要戰略意義的據點。因此只有納入首都東京的管轄之下，政府才能隨時掌握當地的情況。

作為其證明，隨著太平洋戰爭的戰況惡化，小笠原群島確實變成了日本陸軍的軍事基地，而屬於火山列島的硫磺島更化作二次世界大戰中數一數二的激戰區。小笠原群島在戰敗後長期遭到美軍佔領，直到一九六八（昭和四十三）年才歸還日本，再次成為東京的管區。如今在父島及硫磺島上，也設有日本海上自衛隊與航空自衛隊的基地。

昔日被視為重要軍事戰略據點的小笠原群島現在已是東京，甚至可以說是日本的重要觀光資源。當地在一九七二（昭和四十七）年成立國立公園，於一九八〇（昭和五十五）年被指定為鳥獸保護區，二〇一一（平成二十三）年還獲選為世界遺產。此外，位於日本最東邊的南鳥島以及最南邊的沖之鳥礁也都屬於東京都（小笠原支廳）的管轄範圍。

圖－22　伊豆群島及小笠原群島

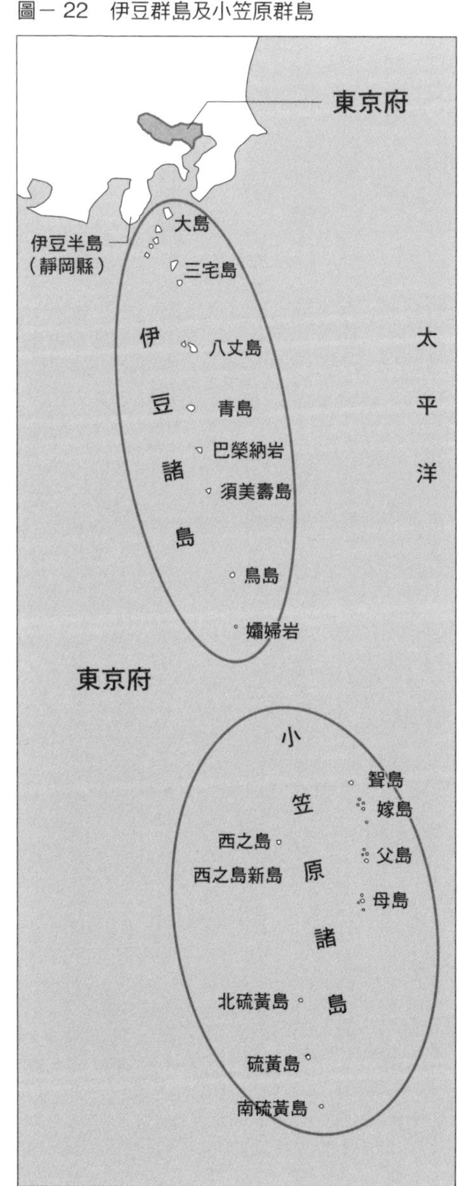

為什麼不是「四多摩」而是「三多摩」？

中野區和杉並區原本都屬於多摩郡

東京都西部，也就是除了二十三個特別行政區以外的北多摩、南多摩、西多摩三郡合稱為「三多摩」，但後來由於都市化以及人口激增，三多摩內部的町村已接連升格為市。於是北多摩郡在村山町於一九七〇（昭和四十五）年升格成武藏村山市後消失，南多摩郡也在稻城町和多摩町於一九七一（昭和四十六）年升格為稻城市以及多摩市後不復存在。昔日的三多摩如今只剩西多摩一郡，但有些人還是會把二十三區以外的西部地區稱作「三多摩」。

為什麼叫作三多摩而不是「四多摩」呢？東京都西部以前曾是武藏國內一個名叫多摩郡的大郡，一八七一（明治四）年十一月，緊接在廢藩置縣後實施的府縣整合將多摩郡東部劃為東京府，其他地區則納入神奈川縣，成為該地區的命運轉捩點。一八七八（明治十一）年十一月施行的《郡區町村編制法》使得受東京府管轄的地區變成東多摩郡，屬於神奈川縣的部分則被分成西多摩、南多摩、北多摩三郡。由此可知，東多摩郡與另外三郡分別由不同的府縣管理，東多摩郡從明治初期就是東京府的管區，北多摩、南多摩及西多摩則屬於神奈川縣（圖—23）。

然而到了一八九三（明治二十六）年四月，三多摩的管轄權從神奈川移交東京府，東摩多、西多摩、南多摩和北多摩四郡齊聚一堂，但這個情況並沒有維持多久。一八九六（明治二十九）年四月，東多摩郡與南豐島郡合併為豐多摩郡；一九三二（昭和七）年十月，豐多摩郡整體被編

圖－23　1893（明治26）年以前，北、南、西多摩郡屬於神奈川縣，東多摩郡則由東京府管轄

入東京市，原本的東多摩郡一帶成為中野區與杉並區，南豐島郡則變成淀橋區以及澀谷區。

三多摩移交東京府管轄的原因

三多摩從神奈川縣轉由東京府管轄的原因眾說紛紜，有一說認為政府是考量到提供東京居民飲水的玉川上水的衛生管理及穩定性，才將水源所在的三多摩納入東京府。

玉川上水的多數河道及發源地都位於神奈川縣內，上游還曾經發生過霍亂患者的穢物被排入河裡的事件。如果不能為玉川上水確立完善的管理機制，實在很難保障東京居民的生活品質。

一八七三（明治六）年，東京府知事大久保一翁曾向大藏省申請將玉川上水流域編入東京府內，內務大臣亦曾於一八八六（明治十九）年要求將北多摩與西多摩二郡移交東京府，但全都遭

到駁回。當時他們請求讓三多摩遷至東京府的目的，想必就是為了確保玉川上水的水源。

情況在富田鐵之助就任東京府知事的一八九一（明治二十四）年七月出現巨大轉變。一八九二年九月，富田府知事偕同內海神奈川縣知事向內務省申請將三多摩編入東京府；翌年二月，《東京府及神奈川縣境域變更相關法案》在帝國議會上輕鬆過關；到了同年四月，政府正式決定把三多摩移交東京府。雖然可以理解東京府知事為何會提出如此要求，但神奈川縣知事的支持卻讓人心生疑惑。幅員廣大的三多摩地區約佔整個神奈川縣的近三分之一，如果全部歸東京府管轄，勢必會對神奈川縣造成不小的打擊。然而令人百思不得其解的是，他非但沒有反對將三多摩移交東京府，甚至還積極促成這個提案。

此外，如果真的是為了確保玉川上水的水源，那麼移交北多摩與西多摩二郡便已足夠，畢竟南多摩郡與玉川上水毫無關聯。過去東京府在遇到玉川上水的水源問題時也的確只有申請納入北多摩郡和西多摩郡，儘管如此當局還是同意將三多摩全部交由東京府管理。三多摩的轉移問題實際上是被當成了政治鬥爭的工具。

三多摩是與政府敵對的自由黨勢力最強大的地區，其中南多摩郡更是他們的大本營，就連神奈川縣議會也在其支配之下。不論是對政府或是神奈川縣知事而言，反對勢力的自由黨都是非常棘手的存在。

三多摩遷入東京府使得神奈川縣的自由黨勢力遭到分散而大幅削弱，對於執意追求軍事路線的政府來說可謂正中下懷。

如果三多摩以「多摩縣」之名獨立的話！

假使三多摩沒有交由東京府管轄的話，神奈川縣就會成為一個結合目前縣域以及多摩地區的大縣。

雖說是大縣，但由於神奈川縣本身很小，就算加上多摩地區，面積也只有三五七五．七平方公里，比鳥取縣稍微大一些，但仍小於埼玉縣。

不過，這裡卻是人口多達一千三百三十三萬人（截至二〇一五年九月）的全國最大縣，足以與東京匹敵。若是除去三多摩，東京都的人口將只剩九百二十三萬人，變成僅次於神奈川縣之後的第二名。

目前隸屬東京都的八王子市、立川市、町田市、武藏野市以及三鷹市，其實原本都屬於神奈川縣。

三多摩在被移交給東京府後迅速都市化，成為如今在狹小的面積裡擠有二十六個市的人口稠密區。如果這裡現在還是神奈川縣的話，多半也就不會有如今這般發展了吧。

其實，在三多摩遷入東京府的提案浮上檯面時，也有人提出讓三多摩以「多摩縣」的名稱獨立。假設按照現在三多摩的發展速度，多摩縣便會形成足以和他縣抗衡的人口和財力；其面積雖然不到靜岡縣的六分之一，人口卻是比靜岡縣多出五十萬以上的四百二十多萬，成為僅次於福岡縣排名全國第十的重要大縣。

儘管如此，當時的三多摩地區屬於人口稀少的純農業地帶，就算獨立也只會成為只有二十五萬人左右的全國最小縣。這樣看來，三多摩如今的發展著實令人佩服，緊鄰首都東京的地利之便所帶來的影響更是不言自明。

從埼玉縣變成東京都

西東京市原本有一半屬於埼玉縣

現在的東京都不只有從神奈川縣編入的三多摩，也有從埼玉縣編入的地區，位於練馬區隔壁的西東京市便是其中之一。

由保谷市與田無市在二〇〇一（平成十三）年一月合併而成的西東京市是擁有二十萬人口的東京臥城[3]。雖然濫用「東京」這塊招牌而取的市名受到不少人強力撻伐，但西東京市有將近一半原本屬於埼玉縣。

西東京市西半部的田無市在一八八九（明治二十二）年實施市制及町村制的時候以「神奈川縣北多摩郡田無町」誕生，保谷市在當時則是「埼玉縣新座郡保谷村」，其外形就像是長著兩根角，突出的部分包圍著田無町並深入北多摩郡（圖－24）。保谷村和北多摩郡分屬不同轄區這件事怎麼看都很不自然，在行政方面也經常引發不便。

要求讓保谷村編入北多摩郡的呼聲日益高漲，但當局卻無視居民的心聲，在一八九六（明治二十九）年果斷把新座郡的保谷村編入北足立郡。

於是保谷村的村長等人向國家發起加入北多摩郡的激烈抗爭，直到一九〇七（明治四〇）年四月才終於獲得認可，被納入北多摩郡。由於北多摩郡已在一八九三（明治二十六）年從神奈川縣遷入東京府，因此埼玉縣北足立郡保谷村便作為「東京府北多摩郡保谷村」重新出發。

3　Bed Town，位於大城市周遭的居住型衛星市鎮，住在這裡的居民白天通勤至大城市工作，晚上再回到臥城休息。

圖－24　西東京市的舊保谷市以及練馬區的大泉地區過去都屬於埼玉縣

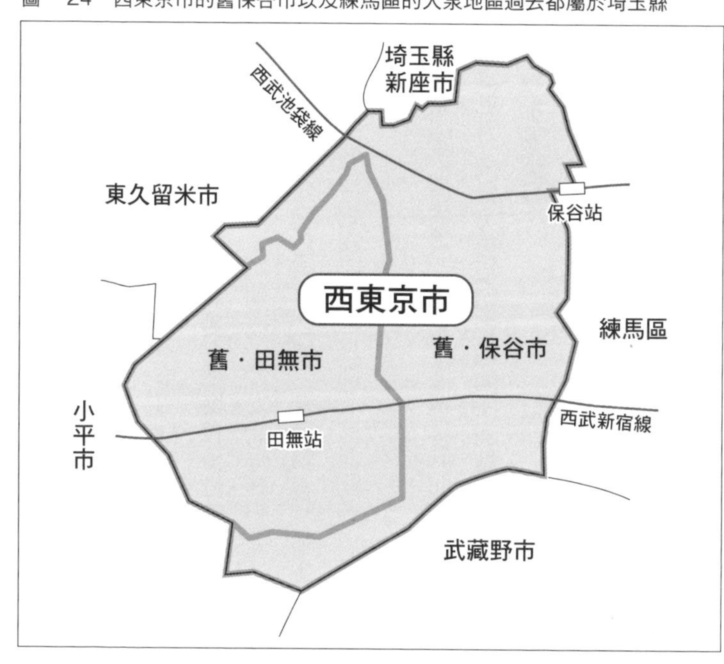

東京二十三區也曾經有埼玉縣的轄區

位於練馬區西北部的**大泉地區**過去曾全部都位於埼玉縣。大泉地區不僅是關越自動車道與東京外環自動車道相交的交通要衝，其中大泉學園也是頗具盛名的區域，但這裡原本是屬於埼玉縣的範圍。

由於一八八九（明治二十二）年四月實施的市制及町村制，埼玉縣新座郡的小榑村與橋戶村合併成橋榑村，並在兩年後的一八九一（明治二十四）年六月又和埼玉縣北足立郡新倉村以及東京都北豐島郡石神井村兩地的部分地區合併，成為東京府北豐島郡大泉村。

即便是大泉地區的居民，應該也很少人知道這裡原本是埼玉縣。

位在北區西北邊的浮間地區也曾經屬於埼玉縣，在一八八九（明治二十二）年四月實施町村制之際，這裡還是埼玉縣北足立郡橫曾根村的一部分。

浮間地區如今已是東京臥城（參考第1章第11節），正式名稱也變成「東京都北區浮間一～五丁目」。

另一個原本隸屬埼玉縣的地區位於西多摩郡，那就是以駐日美軍橫田基地的所在地而聞名的西多摩郡瑞穗町。

一九五八（昭和三十三）年十月，埼玉縣入間郡的元狹山村遭到分割，大約有三分之一成為武藏町（現在的埼玉縣入間市），剩下的區域則被納入瑞穗町。

元狹山村是一八八九（明治二十二）年四月實施的市制及町村制將二本木村、駒形富士山村、高根村及富士山栗原新田所合併而成的村落。然而企圖讓元狹山村與縣內他村合併的埼玉縣當局和在「元狹山村問題對策協議會」上一致同意要和東京府瑞穗町跨縣合併的元狹山村發生正面衝突，為了解決這場糾紛，便決定將元狹山村的舊二本木村加以分割。

瑞穗町北部有個地方叫作「二本木」，而同樣的地名也出現在縣境另一端的埼玉縣入間市南部，可以視為一個村落遭到切割的最佳證據。

9 意外鮮為人知的東京二十三區地理知識

東京二十三區當中，面積最大和最小的區分別是哪裡？

就算是住在東京的人，出乎意料地也有很多不知道的事。本節將帶領讀者認識東京二十三區的人口和面積等基本資訊。二十三區的面積總計六二六・七平方公里，只佔東京都的百分之二十八・七，然而在不少人眼中，說起東京就只有二十三區而已。

順帶一提，東京都整體面積為二一八七・六五平方公里，是全國第三小的自治體，僅次於香川縣及大阪府，佔日本總面積（三十七萬七九九四平方公里）的百分之零・五八。而東京二十三區又只佔其中不到三成的面積，與日本全部國土相比之下幾乎不值一提。即便如此，這裡卻有非常強大的存在感，日本的政治、經濟和文化全都是以東京二十三區為核心運作，因此說認識「東京」就等於認識「日本」一點也不為過。

二十三區之間大小不一，面積最大和最小的區有六倍之差。最大的大田區有六〇・六六平方公里，其次依序是世田谷區（五十八・〇五平方公里）、足立區（五十三・二五平方公里）、江戶川區（四十九・九平方公里）及練馬區（四十八・〇八平方公里）（截至二〇一五年）。大田區和世田谷區原為荏原郡（其中一部分為北多摩郡），足立區屬於南足立郡、江戶川區是南葛飾郡、練馬區則是北豐島郡，由此可知面積較大的區在東京市於昭和初期擴大之前全都是郡。

面積最小的台東區只有十・一一平方公里，其次是荒川區（十・一六平方公里）、中央區

（十・二一平方公里）、千代田區（十・六六平方公里）與文京區（十一・二九平方公里），除了荒川區以外的各區都屬於舊東京市十五區。由於面積最大的大田區面向東京灣，今後很有可能因為臨海地區的填海造陸而更加擴大，拉開最大與最小區之間的差距。

東京都底下的自治體共有二十六市五町八村，其中面積**最大的奧多摩町**有二二五・六平方公里，緊接著是八王子市（一八六・三平方公里）、檜原村（一〇五・四平方公里）、小笠原村（一〇四・四平方公里）和青梅市（一〇三・三平方公里）。**最小的伊豆群島利島村**面積為四・一二平方公里，其後依序是青島村（五・九八平方公里）以及狛江市（六・三四平方公里）。其中狛江市的面積甚至小於在二十三區中墊底的台東區，也是全國七百九十個市裡最小的一個。

二十三區內人口最多的是面積最小的台東區

從江戶邁入明治的時代，東京的人口約有一百萬人，後來這個數字有了飛躍性的成長，根據五十多年後於一九二〇（大正九）年實施的第一次人口普查，東京已經成長為一座擁有三三五・八萬人（東京二十三區的範圍）的大型都市。在那之後，東京的人口仍不斷增加，在一九四〇（昭和十五）年達到六七七・九萬，只花了二十年便成長了兩倍以上。

雖然二戰造成的毀滅性打擊讓東京人口瞬間銳減近三百萬人，戰後卻急速復興，到了一九九五（昭和三十）年已恢復至戰前的程度。人口數在後來仍持續攀升，卻在一九六五（昭和四十）年來到最高峰的八八九・三萬人以後開始減少；這是因為日本經濟的高度成長導致地價上升，而公害等造成的環境惡化使得想從東京遷居郊外的

圖－25　人口增加或減少的區（比較1920年與2015年的資料）

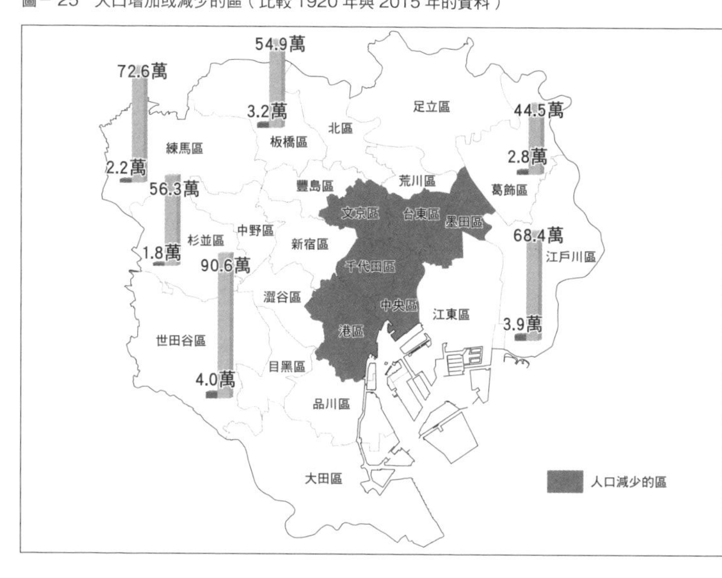

人急速增加，時至一九九五（平成七）年，人口數已經跌破了八百萬。不過，隨著泡沫經濟崩壞引發地價下跌，回歸都心的意願重新提高，東京人口於是再次由減轉增，二〇一五年的人口數已經超越過去的高峰，來到九二三・三萬人。

從第一次人口普查過了九十五年，東京二十三區的人口增加了二・七五倍，然而每一區的增加幅度不盡相同，各區之間有著難以置信的增減差距，某些區的人口甚至在過了將近一世紀後不增反減。**減少率最高的千代田區**從二十一・八萬人銳減至五・五萬人，減少率足足有百分之七十五，只剩下原本的四分之一。人口減少的六區分別是千代田區、中央區、港區、文京區、台東區和墨田區（圖－25），其中台東區雖然面積最小，過去卻住著全東京最多的四十四萬人，人口密度將近是現今東京二十三區的三倍。然而昔日的人口稠密區如今也只剩十八・六萬人，成為繼千代田區與中央區人口第三少的區。

相較之下，**人口增加最多的練馬區**在第一次人口普查時是個只有二・二萬人口的純農業地帶，如今卻擁有七十二・六萬人，僅次於世田谷區（九〇・六萬人），增加率高達三十三倍。而過去人口最少的杉並區只有一・八萬人，現在已經成長至五十六・三萬人，留下增加率三十一・三倍的記錄。

由此可知，雖然人口在形成都心的舊東京市十五區變少了，但是在位於東京近郊的農村地帶——即豐多摩、北豐島、南足立、南葛飾及荏原五郡卻急速增加。

二十三區中，哪一區與最多區相鄰？

正如日本國土被分成四十七個都道府縣，東京都也被分成二十三個特別區以及三十九個市町村。在都道府縣當中，四周皆被他縣環繞的內陸縣只有栃木、群馬、埼玉、山梨、長野、岐阜、滋賀與奈良八縣，其中與最多縣相鄰的長野縣被群馬、埼玉、山梨、靜岡、愛知、岐阜、富山和新潟圍在中間。那麼在二十三區之中，又是哪一區與最多區相鄰呢？

以東京都來說，除了在東京灣沿岸的江戶川、江東、中央、港、品川、大田六區以及伊豆群島和小笠原群島以外，其他所有的區市町村都不靠海。東京都二十三區北有埼玉縣、東面千葉縣、南靠神奈川縣、西鄰多摩地區，當中幾乎落在二十三區正中央的千代田區分別與中央、港、新宿、文京與台東五區相接；至於板橋、足立及葛飾等區面積雖廣，卻因為北側緊鄰埼玉縣，所以只有和三個區相鄰。

表－8 東京23區的人口（1920年、2015年）

區名	1920年的人口（萬人）	2015年的人口（萬人）	人口增加率（倍率）
千代田	21.8	5.5	0.25
中央	27.0	14.3	0.53
港	33.0	22.2	0.67
新宿	29.0	33.8	1.17
文京	28.2	21.8	0.77
台東	44.0	18.6	0.37
墨田	32.1	25.8	0.80
江東	25.4	49.0	1.93
品川	12.1	37.9	3.13
目黑	2.2	27.7	12.59
大田	7.9	71.1	9.08
世田谷	4.0	90.6	22.65
澀谷	13.7	21.7	1.58
中野	2.9	32.3	11.14
杉並	1.8	56.3	31.28
豐島	11.0	29.9	2.72
北	9.5	34.1	3.59
荒川	12.1	20.9	1.73
板橋	3.2	54.9	17.16
練馬	2.2	72.6	33.00
足立	6.1	69.4	11.38
葛飾	2.8	44.5	15.89
江戶川	3.9	68.4	17.54
23區	335.8	923.3	2.75

不與多摩地區或他縣相鄰、且完全被別區包圍的有千代田、新宿、文京、台東、墨田、目黑、澀谷、中野、豐島及荒川十區，其中鄰區最多的是墨田區以及澀谷區。墨田區與中央、台東、江東、荒川、足立、葛飾和江戶川等七區相鄰，澀谷區的邊界則是緊靠港、新宿、品川、目黑、世田谷、中野和杉並七區。

東京副都心——澀谷、新宿、池袋的今昔

● **澀谷曾是全日本人口最多的「町」**

直到實施市制及町村制的一八八九(明治二十二)年為止,日本全國總共誕生了三十九市,並在實施第一次人口普查的一九二〇(大正九)年增加至七十五市。

當時人口最多的東京市有二百一十七萬人,最少的香川縣丸龜市只有二.四萬人。過去東京府內的市只有東京市與八王子市,剩下的都是町和村。

西元一九三二(昭和七)年,東京市合併了相鄰的五郡(荏原、豐多摩、北豐島、南足立、南葛飾)八十二町村,成為由三十五區組成的大東京市。

儘管町村是階級低於市的自治體,也不代表遭到合併的八十二個町村人口就都比丸龜市還要少。東京有許多町村的人口數遠高於丸龜市,澀谷町便是其中之一。

澀谷町正是如今作為東京副都心蓬勃發展的澀谷,也是走在年輕文化最尖端的街道。即便如此,過去的澀谷也曾只是一座閑靜的農村。

一八八九(明治二十二)年實施町村制時,澀谷以澀谷村之名發跡,並於一九〇九(明治四十二)年升格為町。在一九二〇(大正九)年的第一次人口普查中,此地人口成長到八.一萬人,榮登全國排行第二十四名的自治體。當時的澀谷町是全日本人口最多的「町」。

為何擁有八萬人以上的澀谷町不是市而是「町」呢?明明在人口上已經超越宇都宮市(六.四萬人)、前橋市(六.二萬人)及水戶市（三．九萬人）等縣廳所在地的澀谷之所以沒有升格為市，更準確的說法應該是因為「沒辦法升格」。

當時的澀谷只是隨著東京都市化而人口遽增的農村，因此並不具備都市機能，也就是沒有滿足升格所需的必要條件。

雖然澀谷町的人口在過了十年後的一九三〇（昭和五）年突破十萬人，卻依然沒有升格為市，而是在兩年後的一九三二（昭和七）年被編入東京市。當時它與千駄谷町以及代代幡町合併成澀谷區，成為東京市三十五區的一員。

現在澀谷除了有山手線、埼京線和湘南新宿線等三條JR線，還集結了東急的東橫線與田園都市線、京王井之頭線，以及東京Metro的銀座線、半藏門線與副都心線，乘客流量在全國名列前茅；車站周邊則有東急百貨、PARCO等大型商業設施以及專賣店、餐飲店林立的繁華街道，也是知名的流行發源地。如此巨大的轉變，是從桑樹田與葡萄園遍布的澀谷村所無法想像的。

擁有四萬人口的淀橋町變成新宿副都心

以全國首屈一指的不夜城聞名的新宿，在江戶時代是繁華的甲州街道宿場町（內藤新宿），只不過當時其周邊與澀谷相同，呈現一片祥和的農村地帶。

如今新宿除了有山手線、埼京線、中央線、湘南新宿線和中央．總武緩行線等五條JR線，亦是能夠搭乘西武線、京王線、小田急線、東京Metro以及都營地下鐵的大型轉運站，乘客量高居世界第一。都廳所在的西新宿是摩天大樓林立的商業區，更是東京這座巨大都市的象徵性存在。

新宿起源自甲州街道的宿場町內藤新宿，在一八八九（明治二十二）年實施市制及町村制時，將柏木村、角筈村與內藤新宿的添地町（局部）合併成淀橋町。

淀橋町相當於現在新宿站的周邊區域，雖然在第一次人口普查施行的一九二〇（大正九）年是個約有四萬人口、只有澀谷町一半大的小町，全國排名第六十六的人口數卻足以讓它升格為市。不過，淀橋町也和澀谷町一樣不具備都市機能而無法升格。

當東京市在一九三二（昭和七）年與相鄰的五郡八十二町村合併之時，淀橋町也被編入東京市，與大久保町、戶塚町和落合町併稱淀橋區；到了一九四七（昭和二十二）年，淀橋區、牛込區與四谷區的合併促成了新宿區的誕生，但應該誰也沒想到新宿會有今日這樣的發展吧。

讓新宿迅速發展的原動力在於鐵路。先是一八八五（明治十八）年開通的日本鐵道品川線（現今山手線）設置了新宿站，接著四年後甲武鐵道（現今中央線）於一八八九（明治二十二）年開通，京王、小田急和西武等線也紛紛在此設站，使得這裡變成一大交通樞紐，再加上接連開幕的百貨公司、電影院等娛樂設施，新宿遂成為東京首屈一指的繁華街道。

池袋原本只是巢鴨村的一個小聚落

與新宿、澀谷同為三大副都心之一的池袋是足以代表東京的繁華鬧區，但在一八八九（明治二十二）年施行市制及町村制當時，這裡也不過是巢鴨村內部的一個小型聚落。

一定誰都沒有想到，這個聚落最終會成為代表東京的大型轉運站吧。

巢鴨村在一九一八（大正七）年升格為西巢鴨町，當東京市於一九三二（昭和七）年合併鄰近的八十二町村時，西巢鴨町也和巢鴨町、高田町及長崎町一同被整併成東京市的豐島區。

為池袋創造大幅成長契機的也是鐵路，但是一八八五年日本鐵道品川線（品川—赤羽）開通之初，並沒有在池袋設站；等到一九〇三（明治三十六）年，為了將常磐煤田的煤炭運往橫濱，打造了一條連結品川線和田端的支線，這才首次在池袋開設車站。

儘管最初計劃將目白當成分歧站，但在居民強烈反對之下，最後只好將車站設置於信號所所在的池袋，卻意外造福了這塊土地。

然而，池袋站在設立初期幾乎沒有什麼乘客，隔壁的大塚站反而還更熱鬧一些。這是因為大塚站周邊才是當時西巢鴨町的中心地帶，池袋站一天的乘客量甚至不到一百人。

池袋站作為副都心開始發展則要等到戰後，隨著美軍駐紮在朝霞，出現在池袋車站周圍的黑市聚集了大量人潮，後來站前也成立了百貨公司，自此池袋有了超越大塚站的驚人發展。

如今，山手線、埼京線和湘南新宿線等三條JR路線以及東武東上本線、西武池袋線與三條東京Metro的路線讓池袋成為一處大型轉運站，蛻變成象徵東京的繁華地區。

綜上所述，在東京市誕生之初，澀谷、新宿與池袋三大副都心並不在東京市內，而是位於近郊的廣大農村。當時的澀谷和新宿隸屬豐多摩郡（舊南豐島郡），池袋則屬於北豐島郡。

江戶的大名屋敷遺址現在有什麼？

東京有許多公園的原因

江戶有近七成的土地屬於武家用地，只不過都在德川幕府垮台後化作空殼。幕末隨處可見大名、幕臣、與力或同心[4]的宅邸，其中又以大名屋敷佔了絕大多數，包含各地大名居住的上屋敷、作為上屋敷備用居所的中屋敷以及作為別邸的下屋敷，後來全數都為明治新政府所接收。

那麼大名屋敷的遺址現在變成什麼樣子、又有哪些用途呢？由於佔地廣大，大名屋敷多數都被整建成公園一類的公共設施。東京之所以有這麼多大型公園和庭園，可說是拜這些面積寬廣的大名屋敷所賜。

舉例來說，被指定為國家特別史跡暨特別名勝的小石川後樂園是由水戶藩德川家上屋敷的日本庭園整修而成，新宿御苑是建在信州高遠藩下屋敷遺址的國民公園，而綠意盎然的明治神宮則曾是肥後藩主別邸，後來變成彥根藩井伊家下屋敷所在地。

也有一些大名屋敷遺址成了學校。東京大學本鄉校區位於加賀藩上屋敷遺址，不少人都知道東大的赤門就是上屋敷御守殿門；青山學院大學所在地原是西条藩上屋敷、慶應義塾大學是島原藩下屋敷、上智大學為尾張德川家中屋敷，神田和泉町的和泉小學則建於津藩上屋敷。

另有些大名屋敷如今設立了政府機關，例如防衛省所在的尾張德川家上屋敷、國土交通省所在的廣島藩上屋敷、外務省所在的福岡藩上屋敷、法務省所在的米澤藩上屋敷以及氣象廳所在的一橋德川家上屋敷；也有一些被當成外國政

表－9　位於大名屋敷遺址的公園＆庭園

名稱	藩名	所在地
清水谷公園	紀州藩上屋敷	千代田區
新大谷飯店的日本庭園	彥根藩中屋敷	
濱離宮恩賜庭園	甲府藩下屋敷→將軍家別邸	中央區
國立科學博物館附屬自然教育園	高松藩下屋敷	港區
舊芝離宮恩賜庭園	大久保忠朝上屋敷	
有栖川宮紀念公園	盛岡藩下屋敷	
檜町公園	長州藩下屋敷	
毛利庭園	長府藩下屋敷	
八芳園	大久保彥左衛門屋敷→薩摩藩抱屋敷	
綱町三井俱樂部	佐土原藩上屋敷	
新宿御苑	高遠藩下屋敷	新宿區
甘泉園公園	德川御三卿清水家下屋敷	
戶山公園	尾張藩下屋敷	
小石川後樂園	水戶藩上屋敷	文京區
六義園	柳澤吉保下屋敷	
育德園心字池	加賀藩上屋敷	
須藤公園	大聖寺藩下屋敷	
占春園・教育之森公園	陸奥守山藩上屋敷	
新江戶川公園	熊本藩下屋敷	
椿山莊	久留里藩下屋敷	
小石川植物園	將軍家別邸	
小石川後樂園	水戶藩上屋敷	
隅田公園	水戶藩下屋敷	台東區
舊安田庭園	笠間藩下屋敷	墨田區
清澄庭園	關宿藩下屋敷	江東區
池田山公園	岡山藩下屋敷	品川區
戶越公園	熊本藩下屋敷	
西鄉山公園・菅刈公園	豐後岡藩抱屋敷	目黑區
明治神宮	肥後藩別邸→彥根藩下屋敷	澀谷區
鍋島松濤公園	紀州藩下屋敷	

4　幕臣是直接隸屬征夷大將軍（幕府）的武士；與力為町奉行的輔佐官，在江戶市能夠行使行政、司法與警察之權限。同心則是江戶幕府的下級官吏，在與力底下執行庶務及巡邏等警備工作。

府機構使用，像是變成美國大使館的牛久藩上屋敷，或是作為義大利大使館的伊予松山藩中屋敷。除此之外，迎賓館曾是紀伊德川家中屋敷，築地的中央批發市場是尾張藩藏屋敷[5]，港區的青山靈園在以前則是郡上藩青山家下屋敷。

大名屋敷遺址的廣袤用地就這樣變成各式設施。若是對照東京分區地圖與江戶古地圖，既讓人心生無限感慨，也能夠獲得更多漫步東京街頭的樂趣跟意義。從大名屋敷的所在地來看，可以發現它們大多位於舊東京市十五區的範圍內。

● 汐留 SIO-SITE 是什麼的遺址？

近年忽然出現在新橋站東側的汐留 SIO-SITE 從前是一片蘆葦叢生的溼地，在德川家康進駐後這些濕地被填成陸地，並為江戶城外堀（護城河）建造堤防以防海水倒灌。「汐留」這個地名便是從利用堤防「留住潮汐」而來。

說起來，汐留 SIO-SITE 原本是大名屋敷的遺址，但也並非在一夕之間就出現了成群的高樓大廈。一八七二（明治五）年當日本第一條鐵路開通，設置了新橋站作為東京的門戶，只不過與現在不同，當時的新橋站是建在汐留。

而後過了四十二年，現今的東京車站於一九一四（大正三）年落成，東海道本線的起點於是從新橋站移往東京車站。新橋站因此化作名為「汐留貨運站」的一大物流據點，但最終隨著鐵路貨運的衰退在一九八二（昭和六十一）年停用。汐留貨運站的遺址除了留有舊新橋站的建築，也曾出土仙台藩伊達家上屋敷等江戶時代的屋敷遺跡，可見汐留 SIO-SITE 的地底確實沉睡著武家社會的歷史。

5　大名為販售年貢米或在地特產所設置的倉庫兼住家。

12 高田馬場其實沒有馬場？

●位於武家地的馬場

江戶大約有七成的土地屬於武家地，但當中並非全都是大名屋敷或旗本屋敷等武家屋敷，而是零星分布著對武士來說作為馬術及射箭練習場絕對不可或缺的馬場。

戰爭在武家社會是常有之事，因此武士必須為隨時可能爆發的戰事做好準備。在戰爭中取勝的重點之一便在於如何將高機動性的馬術應用於實戰。馬是一種強大的戰力，一名武士如果不善騎馬，就很難在戰爭中有所貢獻。武家社會也和現代的上班族社會一樣，沒有戰果就無法出人頭地，如果想在戰場上發揮實力，就必須從平日開始鍛鍊馬術。

就這層意義上來說，馬場也是武家地的必備設施。根據江戶時代的古地圖和切繪圖（圖－26）可以在江戶市內發現大約二十座馬場，不過實際數量應該更多。儘管馬場昔日的風景如今因為蓋滿大樓而蕩然無存，但在江戶時代，馬場的確存在於武家地各處。

每座馬場的形狀都呈現如同書籤一般的長方形。之所以如此當然是因為馬術必須透過騎馬來精進，然而馬場除了作為訓練馬術的場地，還會舉辦屬於武士娛樂活動一環的馬術競技，或是在沒有使用的時候化身孩子們的遊樂場，甚至當作各種表演的場地；而在武家屋敷的密集地區，馬場也會用來充當防火空地。

●地名的「高田馬場」源自站名

例如宇都宮市馬場町或前橋市馬場町，日本

圖—26　江戶的馬場

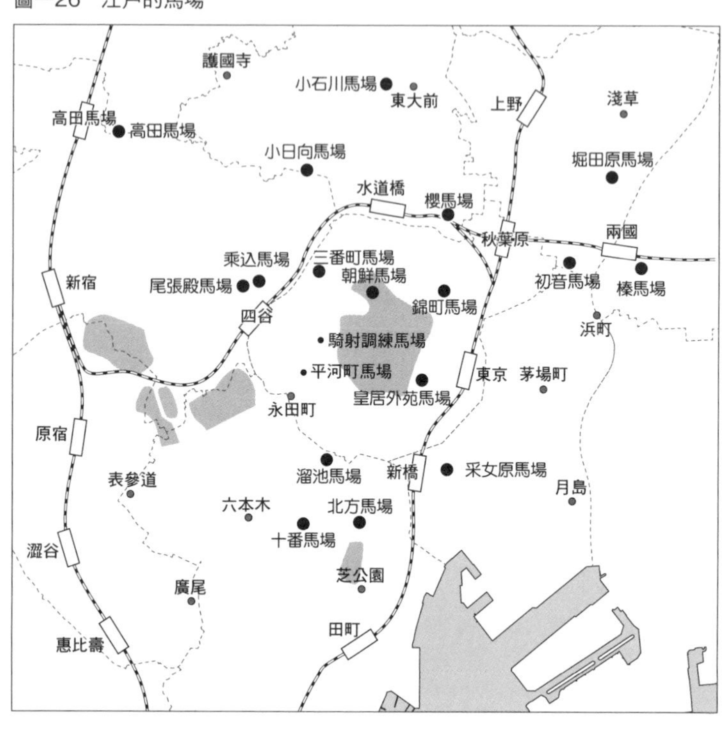

全國仍有不少保留「馬場」二字的城下町，這是馬場曾經存在的最好證據，另外亦有從馬廄衍生出「馬場町」地名的少數案例。

東京同樣有包含「馬場」的地名，皇居外苑的內堀「馬場先濠」就是其中之一，不過比它更知名的，莫過於身兼鐵路車站名的**高田馬場**了。

高田馬場同樣出自武士練習馬術的馬場。大家都知道JR山手線有一個高田馬場站，而除了山手線之外，這裡也是能夠轉乘西武新宿線、東京Metro東西線以及都營公車的一大轉運站。

排除東京車站與三大副都心的

表－10 江戶主要的馬場

馬場名稱	所在地
御用明地騎射馬場（三番町馬場）	千代田區九段北三丁目
朝鮮馬場	千代田區北之丸公園
皇居外苑馬場	千代田區皇居外苑
騎射調練馬場	千代田區麴町一丁目
平河町馬場	千代田區平河町二、三丁目
錦町馬場	千代田區神田錦町二丁目
初音馬場（馬喰町馬場）	中央區日本橋馬喰町一丁目
采女原馬場	中央區銀座五丁目
溜池馬場	港區虎之門一丁目
北方馬場	港區西新橋三丁目
十番馬場	港區東麻布三丁目
高田馬場	新宿區西早稻田二丁目附近
尾張殿馬場	新宿區市谷本村町
乘込馬場	新宿區市谷加賀町
小日向馬場	新宿區西五軒町
櫻馬場（御茶水馬場）	文京區湯島一丁目
小石川馬場	文京區白山一丁目
堀田原馬場	台東區藏前三丁目
榛馬場	墨田區兩國三丁目

（皇居外苑馬場、平河町馬場及錦町馬場並非正式名稱）

新宿、池袋、澀谷三站，山手線上的高田馬場站是繼品川、新橋和秋葉原之後旅運量第四多的車站，周圍聚集許多大學、專門學校或者補習班，是一條充滿活力的學生街道。這裡以前真的有馬場嗎？

高田馬場東側的行政地名為「高田馬場一丁目、二丁目」，西側則是「高田馬場三丁目、四丁目」。儘管地名由來自以前的馬場，但實際上以前的馬場並不在高田馬場附近，而是位於車站東方大約一公里處。

從現在的行政地名來看，這座馬場大致位於西早稻田三丁目的一、二番到十四番地一帶，長六町

（六百五十四公尺）、寬三十間（五十四公尺），相傳是江戶規模最大的馬場。

昔日在馬場北側有成排的松樹林與八間茶屋，想必曾有很多人前來參觀馬術練習。西早稻田十字路口的壽司店牆上掛著「舊跡高田馬場跡」的告示牌，表示曾經有一座馬場在這附近。

圖－27　高田馬場站周邊

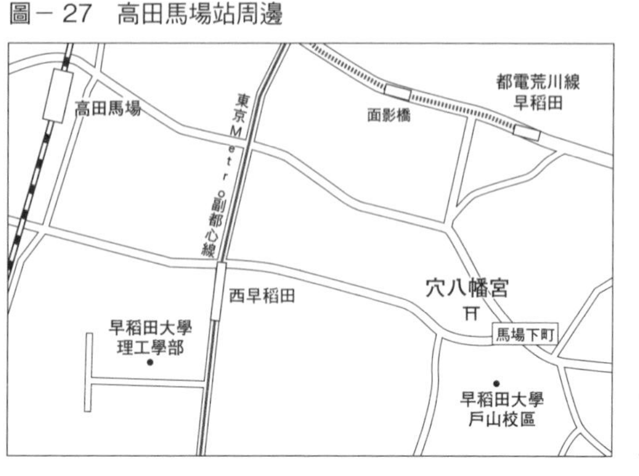

馬場本身是在一六三六（寬永十三）年由武士們在「高田」這個地方作為馬術練習場而建造，並留下了曾經舉辦流鏑馬[6]獻給穴八幡宮的相關記錄。

穴八幡宮目前的行政地名為「西早稻田二町目」，但在實施住居表示以前都稱作「高田町」。與穴八幡宮相鄰的地名「馬場下町」則顯然與馬場有所淵源。

一九一〇（明治四十三）年高田馬場站設立之初，並不存在「高田馬場」這個地名。當時車站西側為戶塚町，東側則是諏訪町，等到施行住居表示後才改成現在看到的「高田馬場一～四丁目」。換句話說，車站附近的地名並非由來自馬場，而是站名。

6　日本的傳統騎射武術，射手會策馬沿著直線奔馳，同時持弓連續朝設置於左側的標靶射擊。

第 3 章

從地名與地形認識東京

東京二十三區有兩成是海拔零公尺地帶

海拔零公尺地帶於高度經濟成長期擴大

大部分的東京都民都知道，東京二十三區有一大片海拔零公尺地帶，卻只有少數人將其視為嚴重問題。

所謂的「海拔零公尺地帶」是指地表標高與滿潮時的平均海水面等高或較低的土地，住在這裡的居民無時無刻都暴露在洪災的威脅之下。

尤其近幾年因為氣候異常經常帶來瞬間降雨，位於東京灣沿岸的海拔零公尺地帶發生水災的風險也隨之提高。萬一暴雨和高潮、地震帶來的海嘯同時發生，沿海地區極有可能遭受毀滅性打擊，不僅鐵路與道路會支離破碎，讓東京的交通網陷入一片混亂，更會對日本的社會經濟造成難以估量的重大影響。

如果河川因為颱風等因素氾濫或潰堤，海拔零公尺地帶將會被大水淹沒，很可能導致許多人犧牲。

在一九五九（昭和三十四）年侵襲東海地區的薇拉颱風由於適逢漲潮，伊勢灣沿岸有許多地區遭到淹沒，帶走五千條以上的寶貴生命。要是這個颱風當初襲擊了東京，越是人口密集之處想必受害人數會遠遠超過東海地區。

為了讓災情降到最低，政府就必須採取修建防波堤或河堤等各種對策。除了確實執行防災措施，更應該在平時就讓居民進行防災演習，徹底教導他們應當前往何處避難，同時以潰堤為前提預先確保民眾的避難場所。

江戶時代幾乎不存在海拔零公尺地帶，這種地形出現於明治時代以後，特別是在昭和三〇年代進入經濟高度成長期後急速增加。

海拔零公尺地帶起因於地層下陷，而地層下陷又以抽取地下水為主因。隨著日本產業發展，人們超抽地下水作為工業用水的結果，便是讓工業區集中的臨海地區面臨嚴重危機。

自從地層下陷被視為重大社會問題之後，政府開始對抽取地下水進行管制，地層下陷的情況也逐漸趨緩。然而已經下陷的地層不可能復原，因此必須制定萬全的治水對策。

●整個墨田區都是海拔零公尺地帶

那麼，東京有多少海拔零公尺地帶呢？

整個關東地區的海拔零公尺地帶約為一百四十五平方公里，其中有約佔八成五的一百二十四平方公里位於東京二十三區。這個面積甚至超過十個千代田區，且幾乎都位於隅田川以東。

海拔零公尺地帶包括整個墨田區和江東區全域（近年才填埋完成、位於首都高速灣岸線南側的若洲和新木場除外）（圖－28），以及葛飾區挾於新中川和荒川之間的地帶與足立區南半部。

尤其是位於江東區與江戶川區的荒川下游地勢，甚至比乾潮時的水平面還要更低。走在荒川的堤防附近會發現土地明顯低於荒川水面，跨越荒川的時候，可以從通往橋梁的陡坡實際感受其中的落差。

光是通過江東區和墨田區的地下鐵就有東京Metro的東西線、半藏門線、有樂町線以及都營地下鐵的大江戶線、新宿線和淺草線，一旦潰堤，這六條路線全都會被大水吞沒，光是想像就讓人不寒而慄。

政府因此打造了堅固的堤防保護城鎮不受洪水或高潮侵襲，不過只有這樣還是不夠，於是他們又針對「人口密集且潰堤時極有可能出現嚴重災情的地區」，開始進行超級堤防（高規格堤防）的建設。

「超級堤防」是指坡度較緩的寬廣堤防，即使超乎預期的豪雨瞬間來襲造成河川暴漲甚至傾瀉而出，堤防也不會因此崩潰。

溢出的河水會沿著堤防緩緩流下，從而降低逃生不及的風險，將災情控制在最小限度，且在寬敞的堤防上也能像其他土地一樣用於建設住宅等多項用途。除了利根川這條大河，荒川、多摩川以及關西的淀川及大和川都在實施超級堤防的建設工程。

然而，海拔零公尺地帶並不是有了堅固的堤防就一定能高枕無憂，因為這裡有許多以填海造陸或圍海造田開發的土地，地層相當鬆軟。

所以就算可以避免洪水，政府仍然必須對地震可能造成的土壤液化擬定對策。

雖然海拔零公尺地帶是因地層下陷而產生，但超抽地下水並不是唯一因素。例如新潟平原由於超抽水溶性天然氣而造成一大片海拔零公尺地帶，面積高達一百八十三平方公里，比關東平原的海拔零公尺地帶還大。

海拔零公尺地帶的問題在橫跨愛知、岐阜與三重三縣的濃尾平原最為嚴重。愛知縣是日本工業最盛行的地區，人們頻繁抽取地下水作為工業用水，導致地層自昭和三〇年代開始急速下沉。濃尾平原、岡崎平原和豐橋平原的海拔零公尺地帶加起來足足有三百七十平方公里，面積更是東京海拔零公尺地帶的三倍。

圖－28 東京的海拔零公尺地帶

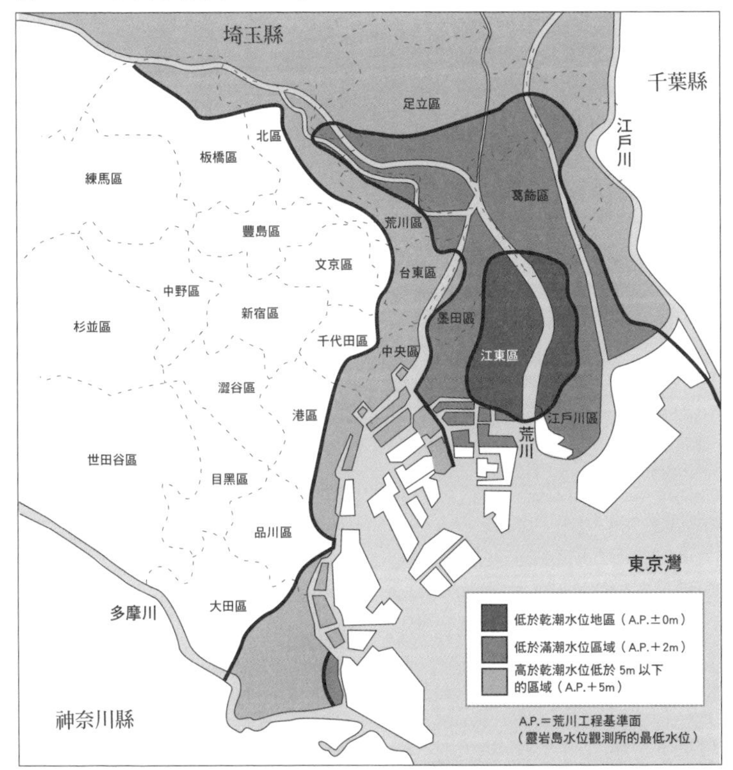

（本圖根據東京都建設局官方網站製成）

東京的「山手」和「下町」的分界在哪？

地形與印象有所出入的「山手」和「下町」

在東京，人們會用「下町」或「山手」來表達自己住在什麼地方。

這種用法始於江戶時代且僅限於江戶，其他的都市都沒有以此說明居住地的習慣。所謂的「下町」和「山手」原本其實是發源自江戶的在地特有文化。

從字面上解釋，山手是指「山的跟前（山の手前）」，即山邊的小高地；下町則是指位於低地的繁榮城鎮，另有一說認為其語源來自「江戶城下的街道（江戶城下の町）」。

由此，「山手及下町的邊界在哪」也經常成為人們討論的話題。

在區分下町和山手時通常有兩種方法，一是根據生活習慣等印象的差異，二是依照地形劃分。然而兩者之間的界線實際上相當模糊，甚至可以說根本不存在明確分界，而是一種會隨著個人主觀認知有所變動的非固定概念。

就一般印象而言，下町是「庶民街道」，山手則是「閑靜的住宅區」；如果從地形來看，下町位於東京二十三區的東半部，也就是海拔較低的區域。

以二十三區來說，北區、荒川區、台東區和中央區以東的部分稱為下町，西半部的武藏野台地東側則稱為山手。在圖—28當中，「高於乾潮水位低於五公尺以下的區域」與其他地區的交界處大約就相當於下町和山手的界線（圖—29）。

環狀的JR山手線繞著東京都心行駛，但準確來說，只有從品川站經由澀谷、新宿、池袋

圖－29　山手和下町的界線

到田端站的區間才是真正的山手線。至於田端站到東京車站之間的正式路線名稱為東北本線，東京車站到品川站則稱作東海道本線，山手線不過是環狀線的俗稱而已。

就地形上來看，正式的山手線的確行經山手，從田端經東京車站抵達品川站的區間則通過低地，就地形而言屬於下町，因此可以算是通過下町的山手線。

也許是因為「山手」給人一種優質住宅區的印象，全國各地的都市都喜歡用它作為地名，例如「船橋市山手」、「神戶市垂水區山手」或是「北九州市小倉南區山手」。然而山手一詞原本只是用來代稱相對於江戶下町的高地。

●擴大的「下町」，移動的「山手」

在江戶時代，「下町」被用來稱呼一個相當侷限的範圍。

正如下町一詞的由來之一是「江戶城下的街道」，因此起初只有支撐江戶經濟的商人或工匠居住的範圍——從神田橋到日本橋和京橋的狹小區域——屬於下町。據說由於這塊繁榮的街區（町）位處低地，人們才開始稱之為「下町」。

另一方面，儘管武士們居住的武家地也會分布在低處，但主要都還是集中在台地上，故以相對於町人所在下町的「山手」來稱呼，意指「武藏野台地（山）跟前的區域」。

然而下町和山手的範圍卻會隨著時代不斷改變。當江戶市街逐漸擴大，商人、工匠等町人的居住地也越來越廣，到了幕末，淺草及下谷一帶也開始被稱為「下町」。

隨著明治時代落幕、進入大正時代之後，市區持續擴張，「下町」的範圍甚至跨越隅田川，來到深川和本所附近。雖然說起「下町」多半會先想到深川或是淺草，實際上在江戶時代這些地方都還不是下町。

市街地區的擴大導致從前還是恬靜農村的江戶川區、葛飾區以及足立區一帶也成了今日人們口中的「下町」。

例如以「阿寅」[1]聞名的柴又原本只是與千葉縣隔著江戶川相望的農村，現在卻已經被視為下町的代名詞。

由此可知，下町會隨著時代演進逐漸擴大，

其範圍甚至觸及千葉縣與埼玉縣的邊界。

最近在居民意識改變的影響下，比起地形因素，人們更傾向於根據生活習慣等文化要素所打造出的街道形象來區分下町和山手。

「下町是保留江戶風情的庶民街道，山手則是富裕階級的住宅用地」，不僅這樣的形象漸趨穩固，現在與過去定義的範圍也大不相同。堪稱下町元祖的日本橋與京橋一帶如今已是高樓林立，與下町的形象相去甚遠；而昔日被稱為「山手」的文京區本鄉及本駒込附近卻因為留有濃濃的江戶風情，時常被人們稱作「下町」。

與此同時，從前盡是一片恬靜農村而與山手無緣的世田谷區以及杉並區，如今卻成了東京的山手代表。下町和山手就這樣一邊隨著時代擴大或移動，一邊演變成現在的模樣。

不管怎麼說，山手和下町確實沒有明確分界，每個人的認知也都不盡相同。雖然區分兩者並沒有特別的意義，但或許可以將之視為象徵江戶文化傳承至今的東京特有用語。

1 日劇與同名系列電影《男人真命苦》的主角，故事舞台便是東京都葛飾區柴又。

東京是全世界坡道最多的城市

沒有一個都市的地形比東京更複雜

東京是一座巨大的城市，都心有林立的高樓大廈，周圍則是將其團團包圍的密集住宅。從高空俯瞰東京時，街道看起來像是在寬廣的平地上無盡延伸，然而東京的高低起伏其實意外地多。就算放眼全世界，地形比東京更複雜的都市也相當少見。

東京的地形大致可分為台地與低地（圖—30），二十三區的東半部為**下町低地**，西側則是**武藏野台地**。

武藏野台地挾於北側的荒川以及南側的多摩川之間，是一個東西長約五十公里、南北寬約二十公里的洪積台地。連接埼玉市與橫濱市的JR京濱東北線差不多就是低地與台地的分界，該線的行走路徑幾乎完全吻合圖—28「高於乾潮水位低於五公尺以下區域」的西側邊界。

如果東京的地形結構只有台地和低地，倒還不至於說它的地形特別複雜，然而武藏野台地並不平坦，由石神井川、神田川及目黑川等數條注入東京灣的河川侵蝕而成的河谷平原，宛如樹枝一般在台地上縱橫交錯。

只要搭乘東京的地鐵，就可以知道這裡的地形有多麼複雜。儘管一般來說地鐵都是從地底穿過市區，只有到了郊區才會為了節省建設成本而蓋在地面，可是東京的地鐵即使在都心也有可能行駛於地面上，這樣的景象在其他城市算是相當少見。

典型的例子就出現在副都心澀谷。第一次來到澀谷的人，應該會很驚訝東京Metro銀座線澀

圖－30　武藏野台地與下町低地

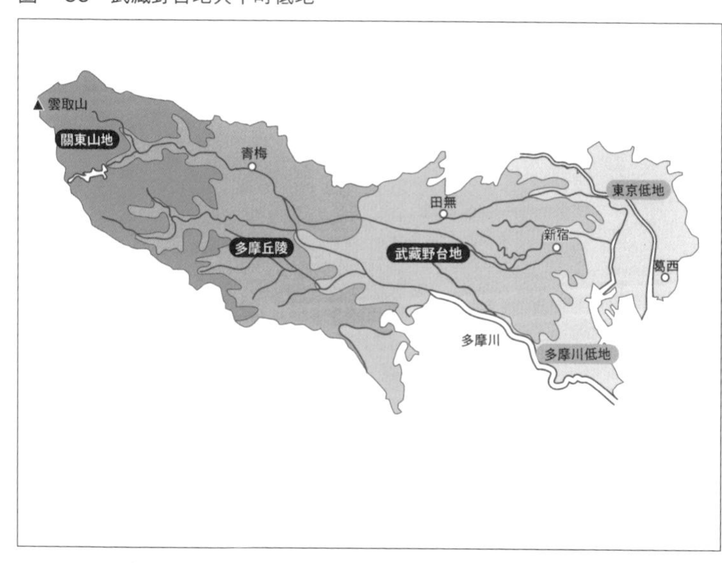

谷站的位置，竟然比已經架高的ＪＲ山手線澀谷站還高。由於澀谷是在河谷平原發展的城市，這樣的設計其實是為了不讓地鐵路線過於陡峭。

東京Metro丸之內線同樣也表現出地形的崎嶇程度。丸之內線的後樂園站是地面上的高架車站，電車從這裡到茗荷谷站約有兩百公尺左右都行駛於地面上，接著會從茗荷谷站潛入地底，前進大約五百公尺之後再度於地面現身。茗荷谷站剛好是地上與地下的交界，從這裡到終點的池袋站才是名副其實的「地下鐵」；而從後樂園站往東京車站方向大約四百公尺的路線也設於地面，之後雖然進入地下區間，但為了穿越橫臥在御茶水站南側的神田川，於是不走地下改從地面的橋梁過河以後，才又鑽進地底。

ＪＲ山手線全線都設於地面，但相對於標高三十七公尺左右的新宿站，品川站卻只有兩公尺高，兩站之間存在著三十四公尺的高低差，證明東京的街道絕不平坦，而是有非常劇烈的高低起伏。

●東京有超過三千個坡道

漫步東京街頭，所到之處幾乎都會遇見坡道（坂）。這裡堪稱是世界上最多坡道的城市，沒有任何一個地方在這方面能勝過東京。這是因為由河流侵蝕而成的河谷平原在武藏野台地切割出複雜地形，而台地與河谷之間的高地差便形成了坡度；如果想橫越台地上的小型山谷，就必然得先上坡再下坡。這些坡道有陡有緩，還有不少因為過於陡峭而設計成階梯。

面對下町低地的武藏野台地東側坐落著上野台、本鄉台、豐島台、淀橋台、目黑台、荏原台以及久原台，總稱為「山手台地」。這一帶的坡道尤其常見，像是文京區、新宿區、千代田區和港區都是坡道較多的地方。JR山手線以西雖然也是武藏野台地，但河谷平原地形較不發達，坡道的數量也相對較少。當然，下町低地則幾乎沒有坡道。

舉例來說，除了有因為可以眺望大海而得名的潮見坂，或是可以看見富士山的富士坂，還有與文學相關的無緣坂、團子坂和菊坂等等；另外也有神樂坂、道玄坂、紀尾井坂、行人坂、九段坂、三宅坂、乃木坂、幽靈坂、不動坂以及稻荷坂，坡道的數量可謂無窮無盡。

總之，東京就是有這麼多坡道，光在二十三區據說就超過三千處。一般的都市就算有坡道也不會為其命名，然而東京的每個坡道都有屬於自己的名字，稱得上是相當特別。其中光是具名的坡道就有不下八百個，有些甚至還會設置寫有坡

圖－31　都內的高低差（山手線主要車站）

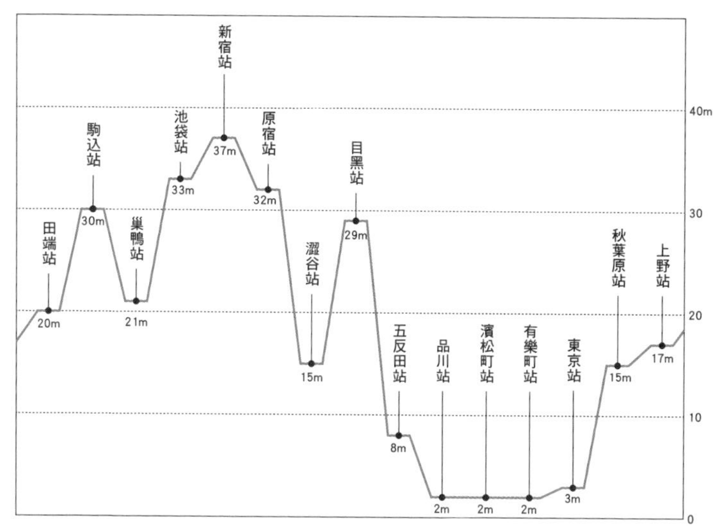

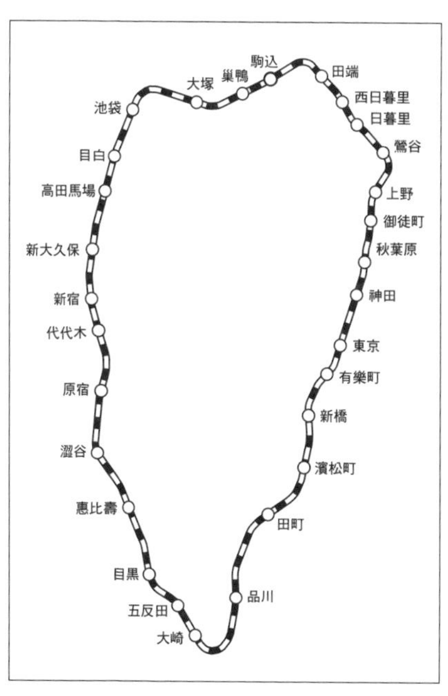

道名的標誌，或是解釋名稱由來的導覽看板。

東京的坡道蘊含獨特文化，孕育出不少故事以及文學作品。在這裡，很多人會一邊思考江戶的歷史或文化，一邊享受漫步坡道的樂趣，只因在每一條東京的坡道上，都刻劃著日常生活的軌跡與歷史。

從坡道了解東京的歷史

在東京，「樓梯」也可以被稱為「坂」

高度經濟成長期以後，東京的坡道似乎因為被四處林立的高樓遮蔽而變得不太起眼，不過如果談起東京，就絕對不可能忽略坡道的存在。在東京有許多人都對坡道情有獨鍾，甚至還曾出現名為「全力坂」的電視節目，讓美女們在東京的坡道上全力奔馳。光是東京二十三區就有超過三千個坡道，想要全部走完有如不可能的任務，即便如此，東京人依舊對坡道懷抱著強烈的情感與堅持。

有高低差的道路就一定會產生坡道（坂）。「坂」在日文意指傾斜的道路，儘管它們有陡有緩、有短有長、有彎有窄，一般卻不會用「坂」稱呼樓梯。但在東京，就連樓梯也會被視作坂。

這種情況在神社特別常見。港區的愛宕二丁目有一座名為愛宕山的小山，山頂有一間愛宕神社，其正面從山腳下一路延伸到神社本殿的長石階叫作「男坂」，另外也有一條與男坂相對的「女坂」。它們雖然被取名為男坂和女坂，但不論怎麼看都是石頭砌成的階梯而非坡道。而在千代田區永田町二丁目的日枝神社，從正面的鳥居通往神社的石階叫作「山王男坂」，左側的坡道則名為「山王女坂」。

目黑區的目黑不動（瀧泉寺）也有男坂和女坂，文京區的湯島天神、新宿區的須賀神社、穴八幡宮及市谷八幡神社亦是如此。命名時，通常會把整體較陡的石階稱為男坂，稍微平緩一點的階梯或者坡道稱為女坂。不過在東京，被稱為「坂」的石階並不僅限於神社。

位於神田駿河台的明治大學西側有一條叫作錦華坂的坡道，附近還有名為男坂及女坂的兩段樓梯。女坂的途中設有平台，坡度也比男坂略為平緩，據說便是因此才被以相對於男坂的女坂命名。位在文京區春日二丁目和小日向四丁目之間的庚申坂也是一段階梯，從途中可以眺望東京Metro丸之內線的地上路段，是絕佳的拍照地點。

此外文京區目白台的小布施坂、湯島的實盛坂、港區赤坂的丹後坂以及麻布台的雁木坂和三年坂也都是樓梯，至於新宿區戶山公園南側的梯子坂則是好比爬梯子一般的陡峭台階。

坐落於隅田川東側的江東區幾乎全部都是海埔新生地，或許會讓許多人因此認為這裡與坡道無緣，但事實上江東區也有坡道，而且還是最近才出現的。位於猿江恩賜公園作為展演廳的「江東公會堂」（TIARA KOTO）設施內，有兩小段分別長約二十公尺的樓梯，名為「DOREMI坂」和「Piccolo坂」。

這兩段階梯誕生於江東公會堂落成的一九九四（平成六）年，從它們被取名為「坂」這件事來看，就可以深刻體會到東京人有多麼偏愛坡道，以至於或許將此視為東京文化的一部分也不為過。

從坂名的由來認識歷史

據說東京絕大多數的坡道誕生自江戶時代，當時江戶幕府除了積極挖掘作為運輸網絡的運河，也致力於開鑿台地並鋪設道路；一旦產生了高低差，坡道便應運而生。

東京大部分的坡道都是以各自附近的大名屋敷為名稱由來。例如外堀通的紀伊國坂出自附近的紀州藩上屋敷，鄰近國會議事堂的三宅坂源自三河田原藩的三宅家上屋敷，位於靖國神社南側的九段坂則得名自沿著坡道分成九段建造的幕府御用屋敷，通稱「九段長屋」。

此外，港區三田的日向坂取名自德山藩毛利日向守屋敷，南麻布的南部坂和仙台坂則分別來自南部藩屋敷以及仙台藩屋敷。至於新宿區防衛省附近的津守坂是源自美濃高須藩松平攝津守屋敷，神田駿河台的淡路坂、六本木的鳥居坂以及本鄉的壹岐坂也各以鈴木淡路守、鳥居彥右衛門、小笠原壹岐守的屋敷命名，可見東京有許多坡道的名稱是從大名或旗本屋敷而來。

東京的坡道除了進入江戶時代後才誕生的以外，也有一些是根據江戶以前的人名來命名。位於港區三田的綱坂源自平安末期的武將渡邊綱的居所，附近還有一條相傳他在年幼時曾牽著姥姥的手一起走過的「綱手引坂」。湯島的實盛坂來自平安中期的武將齋藤別當實盛，泉岳寺附近的伊皿子坂出自明朝僧侶伊皿子，三田的聖坂則與中世佛僧高野聖的居住地有關。澀谷的道玄坂由來自大和田太郎道玄曾經落腳此地的民間傳說，他是鎌倉初期的武將——和田義盛一族的餘黨，後來成了山賊。

另外還有一些坡道以附近的寺院為名，例如港區三田的安全坂源自安全寺，高輪的魚籃坂來自魚籃寺，上野公園西側的無緣坂來自無緣寺，上野公園北側的善光寺坂來自善光寺。

而從某些坂名也能夠讓人遙想江戶居民的生活情景，像是因為附近糰子店而得名的文京區千駄木團子坂、住著許多炭團[2]商人的本鄉炭團坂以及製傘師傅的湯島傘谷坂等等。由此可知，每個坂名都有各自的由來，且能從中窺見東京的歷史。在東京，很多人會一邊想起坡道的名稱，一

2　一種團狀的燃料，以炭粉和膠水混合而成。

邊享受漫步街道的樂趣。

●從坂名誕生的傳說

既然有從地名誕生的傳說，也就一定有從傳說誕生的地名。同樣的情況也可見於坂道，有的時候是從坂名的文字或發音產生的某種聯想創造了傳說，有時則是反過來因為傳說而創造了坂名。東京有好幾處這樣的坂道，**柿木坂**便是其中之一。

東西向的柿木坂貫穿目黑區中央，在東急東橫線都立大學站北側也有名為「柿木坂（一～三丁目）」的地名。該名稱很有可能來自佇立在坂道上的大柿子樹，行經此處的人們以這棵樹為路標，因而稱之為「柿木坂」。但是柿木坂的發音「KAKINOKIZAKA」要是不夠標準就會變成「KAKINUKIZAKA」，人們於是為其套上相應的漢字「柿拔坂」，編出了一個煞有其事的傳說。

柿木坂所在的目黑通現在是俗稱「家飾用品街」（Interior Street）的時髦街道，然而這裡在過去卻是一片寧靜的田園地帶。農民每天都會把採收到的農作物裝進推車往返於坂道上，但拉著裝滿貨物的推車爬坡相當費力。住在附近的野孩子們見狀便假裝要幫忙，說道：「叔叔，我從後面幫你推吧！」實際上卻偷拿推車裡的柿子來吃。從此以後，食髓知味的淘氣鬼們只要看到推車通過就會故技重施，於是這條坂道不知從何時開始被人們稱為「柿拔坂」[3]，後來才演變成「柿木坂」。

位於西新宿摩天大樓群北側朝東西向延伸的青梅街道，有一段名叫**成子坂**的平緩長坡，它的名字源自於坂道北邊歷史悠久的成子天神社，但由於「成子」與「鳴子」同音，一個與鳴子有關

3　日文的「拔（く）」有抽出、挑出之意。

的傳說便隨之誕生。鳴子是一種驅鳥工具，用來驅趕在農田裡搗亂的動物。其構造是在一塊小木板上掛著好幾個細竹筒，下方連著數根長繩，只要繩網被觸動，竹筒就會敲擊木板發出巨大聲響嚇走鳥獸。

相傳以前在坡道途中有一間酒商，店裡的老闆把鳴子掛在店門口，一旦客人進門便會發出喀啦喀啦的聲響，通知他有顧客上門。隨著這個做法廣為人知，人們便把這間店稱作「鳴子酒屋」，店前的坡道也因此得稱「鳴子坂」，後來才轉變為成子坂。

千駄木的**團子坂**甚至出現了相當牽強的傳聞。雖然坡道名稱由來自路邊的糰子店，有人卻說是因為這裡每次下雨就滿地泥濘，如果跌倒的話就會變得像糰子一樣，所以才叫作團子坂。

另有些坡道則流傳著恐怖傳說。大田區池上的本門寺附近有一處名叫**妙見坂**的石階俗稱「上吊坂」，據說是因為過去在石階盡頭的住宅曾經發生上吊自殺的事件，後來便有人經常在這裡看見鬼火。

離妙見坂不遠的南馬込還有一個名稱相當駭人的**「強盜坂」**（おいはぎ坂）。相傳這條斜坡因為又彎又窄且兩側還有樹木遮蔽導致視線不佳，經常有強盜出沒，遭到襲擊的案例層出不窮。

讓人提心吊膽的**幽靈坂**也存在於東京各地，這些坡道即使在白天也很昏暗，因為彷彿會有幽靈出沒而得名；在文京區根津的住宅區裡，甚至有一條名字很可怕的階梯直名為**「鬼怪坂」**。綜上所述，東京的坡道其實流傳著各式各樣的傳說。

東京有一半以上的坡道位於山手線內側

東京光是二十三區就有超過三千個坡道，不過只要是了解東京地理的人，就一定知道它們的分布並不平均。根據日本坂道學會的調查，二十三區內一共有九百二十一個具名的坡道，而且從東京的地形來看，也不難發現它們大多位於山手，很少出現在下町。由於下町幾乎全都是平地，要是有坡道或許反而更讓人驚奇。

坡道的數量完全是西多東少，尤其又以JR山手線內側最為集中。由於坡道數量破百的新宿區、文京區和港區幾乎全部地區都位於山手線內側，可知二十三區有一半以上的坡道皆落

表－11　東京有許多獨具魅力的坡道

區名	坡道例	坡道數
千代田	三宅坂、紀尾井坂、淡路坂	66
中央		0
港	狸穴坂、聖坂、幽靈坂	134
新宿	神樂坂、團子坂、鐵砲坂	116
文京	壹岐坂、胸突坂、妻戀坂	130
台東	寬永寺坂、善光寺坂、天狗坂	28
墨田	地藏坂、SORAMI 坂、HANAMI 坂	3
江東	DOREMI 坂、Piccolo 坂	2
品川	御殿山坂、仙台坂、八幡坂	30
目黑	柿木坂、行人坂、半兵衛坂	49
大田	洗足坂、夫婦坂、蛇坂	55
世田谷	無名坂、行火坂、馬坂	58
澀谷	道玄坂、宮益坂、勢揃坂	41
中野	水車坂、中野坂、紅磚坂	14
杉並	笠森坂、三年坂、尻割坂	49
豐島	染井坂、妙義坂、宿坂	22
北	江戶坂、庚申坂、蟬坂	64
荒川	日暮坂、富士見坂、間坂	13
板橋	清水坂、魚籃坂、暗闇坂	67
練馬	卵塔坂、DONBURI 坂、工兵坂	7
足立	櫻坂、FUJIMI 坂	2
葛飾		0
江戶川		0

＊橫跨兩區的坡道在雙方都會被列入統計，故此處的數字會多於實際數量。

在山手線的環狀範圍裡。

連接大宮站與橫濱站的ＪＲ京濱東北線大約等於山手與下町的分界，在九百二十一個有名字的坡道當中，位於京濱東北線東側的只有九個而已。佔據部分都心的中央區、江戶區以及葛飾區甚至沒有任何坡道，位於下町的九個坡道也幾乎都是最近才出現的。

正如前文所述，江東區的**DOREMI**坂和Piccolo坂是平成年間才誕生的小型階梯，而足立區的**櫻坂**和**FUJIMI**坂則是位於由ＵＲ都市再生機構所開發的團地[4]「Heartisland新田」裡的斜坡，無一不是近期才出現的「坂」。

儘管在全區都是海拔零公尺地帶的墨田區有三個坡道令人十分疑惑，但實際上位於東京晴空塔東西兩側的**SORAMII坂**和**HANAMII坂**是兩條通往四樓的樓梯。只要有高低差的地方就被會取名為坂，這種做法確實很有東京的風格。另一個位於墨田區的**地藏坂**是子育地藏堂前方的斜坡，雖然名字給人在當地傳承已久的感覺，這條斜坡卻沒有想像中古老，而是人們在一九一一（明治四十四）年進行隅田川堤防修築工程之際所誕生的坡道，並根據子育地藏堂為其命名。

東京有許多充滿魅力的坡道，有些地方甚至還成為觀光景點。雖然不完全是因為這個原因，但東京各地至今仍不斷有全新的「坂」陸續出現。

4 大型且價格低廉的集合住宅。

圖－32　東京都內坡道較多的區域

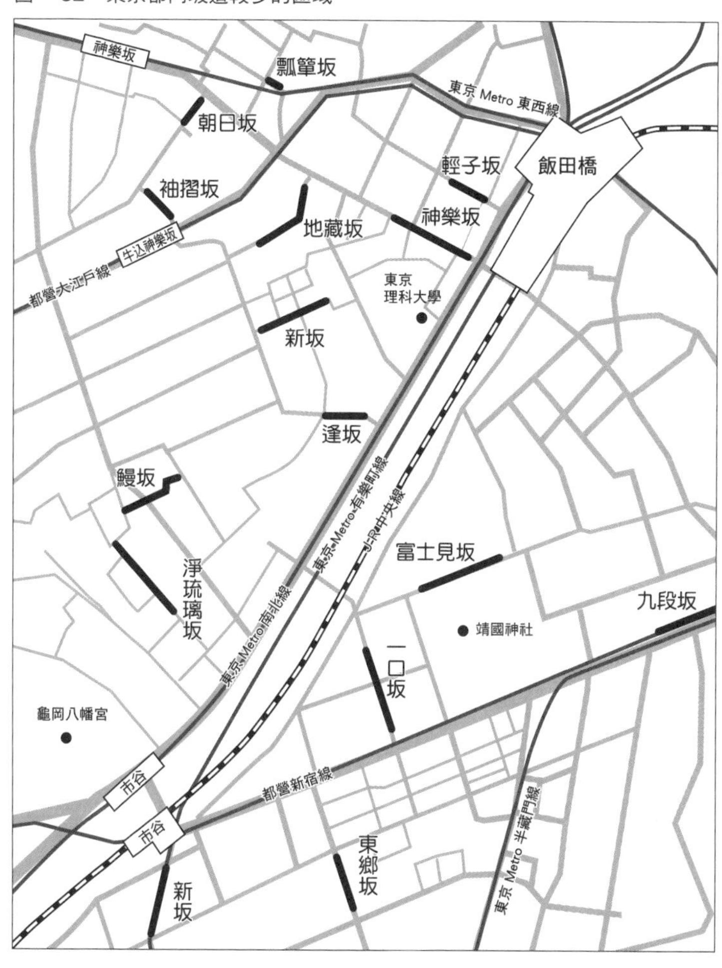

東京二十三區裡也有山？

神田山以前在哪裡？

東京二十三區除了台地、河谷平原之外也矗立著山巒，只不過因為平緩的武藏野台地原本標高就只有二十~二十五公尺左右，所謂的山其實更接近矮丘；然而當時生活在江戶的居民，便是把這些矮丘也稱為「山」。

就連設有動物園及博物館等文化設施的上野公園，在過去也是被稱作「上野山」的知名賞花景點。由於位在武藏野台地東側邊緣的上野台，若是從西邊看過去只是一片平地，必須從淺草方向才能看出矮丘地形。而「台東區」這個區名也正是來自該區位於上野台東邊的地理位置。

位於北區王子的飛鳥山公園同樣是一座矮丘，更是自江戶時代以來廣受歡迎的賞櫻名勝。除此之外荒川區的西日暮里有道灌山，品川則有御殿山，當時的風景從東京現在高樓林立的景象已是難以想像。

其中也有些山早已消失得不留痕跡，例如神田山。

德川家康在建設城下町時，最先著手的便是開鑿運河以及沿岸地區的填海造陸。由於填埋需要大量砂土，這時作為砂土來源被看上的正是位於江戶城北側的神田山（本鄉台）。

選擇神田山的主要原因，是因為它距離最先展開造陸工程的日比谷入江只有短短兩公里左右，加上面海側的斜坡相對平緩，在搬運砂土的時候比較容易。利用從神田山削下的砂土所打造的陸地不僅建起了好幾棟大名屋敷，同時也成為町人們的居住地。

5 三角點是用來繪製地形圖的三角測量基準點，標記多為方形石柱。三等三角點的邊長為四公里。

神田山過去所在位置就位於現今千代田區神田駿河台附近設有大學和醫院的地方。看著現在的光景，教人很難想像這塊平坦的土地上曾經有一座神田山。

順帶一提，「駿河台」的地名由來是因為駿府（靜岡）的旗本和家臣在德川家康死後被召來此地居住，這裡也曾是侍奉家康的旗本大久保彥左衛門的宅邸所在地。

●東京二十三區的最高峰是哪座山？

東京的地形複雜且起伏不定，不過台地與低地的標高差距不大，就算是高處也頂多只有二十～二十五公尺左右。

那麼，東京二十三區的最高峰在哪裡呢？答案就位在山手台地之一的淀橋台東邊。

位於NHK放送博物館北側的**愛宕山**（港區愛宕一丁目）正是東京二十三區的最高峰，標高二十五・七公尺的山頂上有愛宕神社坐鎮，神社境內還設有三等三角點[5]。

穿過愛宕神社正面的鳥居，會看到一條通往山頂的陡峭石階。據說第三代將軍德川家光行經神社下方時，望見愛宕神社境內梅花綻放，便吩咐家臣騎馬登上石階為他摘來梅花。然而如此危險的命令讓家臣們聞之卻步，此時有一位武士自告奮勇，這個人就是讚岐國丸龜藩的家臣曲垣平九郎。

曲垣平九郎果斷策馬奔上石階，將梅花帶回來獻給將軍。如此勇氣令家光相當欽佩，稱讚他是「日本第一的馬術名人」。這則軼事也讓通往愛宕神社的石階獲得「出世石階[6]」的美名。

儘管如今圍繞在四周的高樓導致愛宕山的視野不再開闊，在過去卻是能夠將東京灣甚至於遠

6　日文的「出世」有出人頭地之意。

方的房總半島盡收眼底的知名景點。

一九二五（大正十四）年，設立於愛宕山山頂的東京放送局（JOAK）播放了日本的第一場廣播。單就天然形成的山來說，這座愛宕山確實是東京二十三區的第一高山，但實際上另有其他更高的人造山。

二十三區實質的最高峰是新宿區戶山公園的箱根山，標高為四十四．六公尺。這座山最早是在戶山公園還是尾張德川家下屋敷的時代，人們在以東海道五十三次為範本的回遊式庭園挖掘池塘的時候，使用挖出來的餘土所打造而成。

● 東京的富士山被列為國家重要有形民俗文化財

舉凡蝦夷富士（羊蹄山）、津輕富士（岩木山）、出羽富士（鳥海山）、信濃富士（黑姬山）、伯耆富士（大山）及薩摩富士（開聞岳），日本全國有三百座以上被稱作「富士」的山，不但各個風景秀麗，而且都以日本的象徵富士山為名。

東京也有「富士」，不過這些富士並不如全國各地的「〇〇富士」那麼壯麗，也並非天然山脈，而是在富士信仰的影響之下，模仿富士山築造出來的人造山。

江戶初期，「富士講」在庶民之間相當盛行。所謂的富士講是由崇拜富士山的人組成的結社，他們手持金剛杖、身穿白衣，一邊唸誦《般若心經》一邊登上富士山進行祈禱。然而在當時，想爬富士山並不容易；除了高度問題，登頂也必須耗費大量時間與金錢，對庶民而言可說是一生一次的夢想。

於是，為了替那些無法上富士山參拜的民眾

圖－33　東京 23 區主要的富士塚

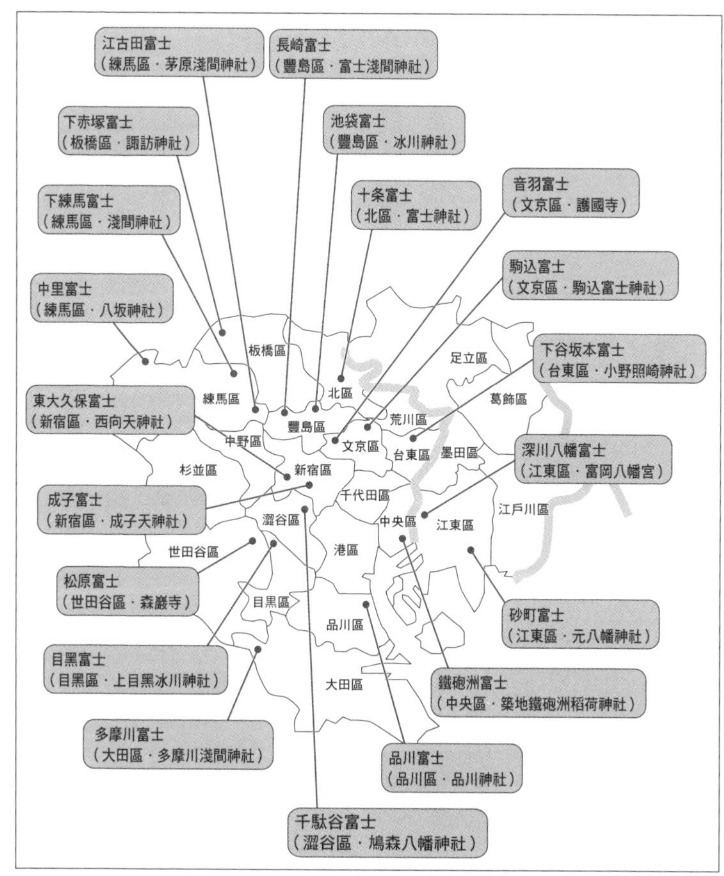

圓夢，富士講的成員在神社或寺廟境內修築人造的富士山，將這種通常只有數公尺高的小山稱為「富士塚」。為求爬上富士塚的人可以像登上富士山一樣獲得保佑，富士塚多半被建在能眺望富士山的地方，過去其數量據說光是東京二十三區就有超過百座以上(圖—33)。

如今許多富士塚已經因為土地開發遭到拆除或是被附近高

樓遮蔽，幾乎沒有幾處還能看得見富士山。在現存的富士塚當中，位於豐島區富士淺間神社境內的「豐島長崎富士塚」、台東區小野照崎神社的「下谷坂本富士塚」、練馬區茅原淺間神社的「江古田富士塚」以及埼玉縣川口市東內野的「木曾呂富士塚」已被指定為國家重要有形民俗文化財，是保留了江戶文化的重要古蹟。

●位於東京的「日本百名山」

雖然東京二十三區沒有特別高的山，多摩地區的高山卻是多不勝數，越往西邊地形就越險峻，山脈也越來越高。在被指定為「秩父多摩甲斐國立公園」的奧多摩，有超過一千公尺高的連綿山群，許多人喜歡來這裡登山或健行，眼前的風景讓人不禁懷疑這裡竟然還是東京的一部分。

奧多摩也有入選「日本百名山」的山。所謂的「日本百名山」是登山家深田久彌從自身曾經攻頂的日本山岳中選出的一百座名山。

「日本百名山」包括富士山、白山、立山、乘鞍岳、穗高岳和御岳等享譽日本全國的名山，而東京都內也有一座山光榮獲選，那就是聳立於東京都、埼玉縣與山梨縣交界處，標高二〇一七公尺的**雲取山**。相較於西日本（近畿以西）完全看不到超過兩千公尺的山岳，東京都卻擁有這一座雲取山。

據說被選為日本百名山的基準，是必須具備「品格、歷史、個性」，且標高超過一千五百公尺以上（也有例外），而雲取山確實滿足了上述的所有條件。

東京都唯一一座標高超過兩千公尺的雲取山同時也是東京都的極西之地，山上設有好幾條登山路線，還能從山頂遠眺富士山。

6 日本第一山在東京

登山人數是全日本，甚至是全世界最多的山

有一則著名的趣聞，講述某位知名的登山家針對別人問他「為什麼要爬山」時，他回答：「因為山就在那裡。」而在東京，有一座山堪稱在日本——甚至於世界——擁有最多的登山客，也就是世界上最多人想造訪的山。

這座登山人數排行世界第一的山，正是聳立於八王子市西南部的高尾山，標高五百五十九公尺，是東京近郊相當受歡迎的休閒型登山景點。高尾山一帶不僅被指定為「明治之森高尾國定公園」，同時也是東海自然步道的起點。每年的登山人數高達二百六十萬人左右，相當於岩手縣總人口數的兩倍。

高尾山於七四四（天平十六）年由佛僧行基應聖武天皇之請開山，自古便被奉為修驗道的靈場。位於山腰的藥王院有喜寺與成田山新勝寺以及川崎大師平間寺合稱「關東三山」，前來參拜的香客絡繹不絕，可見高尾山和一般隨處可見的普通山岳有所不同。

高尾山擁有如此大量登山客的因素之一，便是從東京都心到高尾山的直線距離只有短短四十公里，如果從新宿搭乘京王線，不用一個小時就能抵達高尾山麓。如此便利的交通是影響登山人數的主要原因，可是只憑這個理由實在不可能吸引這麼多的人潮。

高度不到六百公尺的高尾山並不算高，但因山腳的標高約為一百九十公尺，整體高低差仍有四百公尺以上。雖說沿途設有登山步道，想沿著步道上山卻不是一件容易的事。所幸有纜車和登山吊椅可以直達標高四百七十公尺處，到山頂之前只有一小段路必須靠雙腳步行，因此不需要正式的登山裝備。高尾山之所以有這麼多登山客，也是因為不論老人小孩都可以輕鬆上山。

然而，光是交通便利和老少咸宜這兩個理由，真的可以吸引這麼多人嗎？想必除此之外，山本身也必須具備吸引觀光客的魅力。高尾山雖然不高，從山頂眺望的美景卻是遠近馳名。除了眼前的關東平原，遠方則有筑波山和房總半島，朝西側望去甚至可以看見富士山的身影。高尾山亦被認定為「關東富士見百景」之一，到了冬天還能一睹夕陽沉入富士山頂時的奇景「鑽石富士」。

高尾山的山頂自古被稱為「十三州見晴台」，號稱可以將十三國一覽無遺。所謂的十三國指的是關八州（武藏、相模、安房、上總、下總、常陸、下野、上野）、越後、信濃、甲斐、駿河以及伊豆，從山頂眺望的景觀甚至獲選為「日本百景」。

高尾山的魅力並不僅止於此。這裡雖然位於大都會近郊卻擁有豐富的自然資源，因此在學術上也被視為珍貴的動植物寶庫，生長著超過一千三百種植物，入選為「花百名山」之一；除此之外，還有一百種以上的野鳥以及五百多種昆蟲在此生息。春日的櫻花、初夏的新綠與秋季的楓紅，四季皆生趣的高尾山是東京近郊備受歡迎的休閒名勝，在《米其林指南》獲得了三星評價。照這樣看來，便不難理解高尾山為什麼會有這麼多登山客。

高尾山還有另一項「日本第一」，那就是從山腳的清瀧站通往高尾山站的高尾登山鐵道。這條纜車的日本第一在於它的傾斜程度，最陡的部分達到千分之六百零八（即每前進一公里，高度上升六百零八公尺），是根據日本《鐵道事業法》載客營業的鐵道當中最傾斜的區段。

●日本第一高的無名山在哪裡？

日本列島上大大小小的山巒無數，通常就算再小也都擁有屬於自己的山名，就連仙台市宮城野區一座標高只有三公尺的山亦是如此。這座位於仙台港附近的「日和山」在日本正式承認的山岳之中為全國最矮，也有被記載於國土地理院的地形圖上。說起高度未達一百公尺的山不僅多得難以計數，而且每一座山都有取名。

儘管如此，東京都卻有一座高度接近一千公尺的無名山。更讓人想不到的是，這座無名山竟然坐落在遠離東京的南方小島上。在距離東京都心往南大約一千兩百公里的太平洋海面，漂浮著由三十幾個大小島嶼組成的小笠原群島；當中位於最南端的硫磺列島是由**北硫磺島**、**硫磺島**以及**南硫磺島**組成的火山列島，而主島的硫磺島也因為曾是日軍和美軍在太平洋戰爭期間展開激烈死鬥的戰場而聲名大噪。

硫磺列島在一八九一（明治二十四）年正式成為日本領土，於一八九九（明治三十二）年開始有移民進入北硫磺島，到了一九〇四（明治三十七）年後擴大至硫磺主島，接著在一九四〇（昭和十五）年形成自治體「硫磺村」。然而，太平洋戰爭的爆發使得所有島民撤回本土，硫磺列島就此化作無人島。

雖然北硫磺島和硫磺島上曾經有人居住，南硫磺島卻一直都無人居住（圖－34）。這裡之所以沒有人群移入，是因為四周的海蝕崖導致登陸困難。南硫磺島至今仍是一座無人島，保留著不曾遭到人為破壞的自然景觀。一九七五（昭和五十）年，南硫磺島被指定為日本第一個「原生自然環境保全地區」，政府基於保護自然的觀點，禁止一般人在此登陸。

日本最高的無名山就坐落在這座面積約三．五平方公里的小島上。若是從遠處遙望，感覺就像是一座圓錐形的山孤零零地漂在海上，明明最高處的標高有九百一十六公尺卻沒有名字。儘管如此，這座南硫磺島仍隸屬於東京都的管轄範圍。

圖一34　硫磺列島

7 東京二十三區有兩座溪谷

等等力溪谷的水源來自何處？

雖然住在東京的人都知道東京（二十三區）有溪谷，不過如果把這件事情告訴住在關東地區以外的人，通常都不會被對方採信，認為身為大都會的東京不可能有溪谷存在；有的人甚至會懷疑這不過是把公園裡的人造假山與流水硬是說成溪谷而已。然而，東京的「等等力溪谷」雖然規模不大，卻是貨真價實的天然溪谷，就位在流經世田谷區、屬於多摩川水系的谷澤川上。

山與山之間的狹長窪地稱為「谷」，如果有水流通過就會變成溪谷。一般說到溪谷通常都會認為只有在山裡才看得到，但是這座溪谷卻出現在都會區裡。

不僅如此，等等力溪谷的周圍還是民房密集的住宅區。看著附近路上充斥著車流以及鐵路與高速公路四通八達的都會風景，實在很難相信這裡竟然會有溪谷；然而一旦走進溪谷，蓊鬱的樹林以及淙淙流水聲便會迎面而來，就像來到一片清幽自在的世外桃源。

從東急大井町線的等等力站只要步行幾分鐘就可以抵達溪谷所在地，因此一直以來都是東京居民心中可以輕鬆拜訪的都會綠洲。

話說回來，等等力溪谷的水源來自哪裡呢？溪谷一般出現在河川的上游或中游，而河川的發源地則位於深山。雖然也有源頭來自湖泊的河川，流經等等力溪谷的谷澤川卻發源自都會；但由於上游的水流藏在地表之下，因而其水源並不為肉眼所見。

以地名來說，水源應位於世田谷區櫻丘五丁

目一帶，即靠近小田急小田原線的千歲船橋站附近。換句話說，等等力溪谷的谷澤川源自於從東京地底滾滾湧出的地下水。湧泉水從首都高速三號澀谷線下方來到地面，形成急流之後南下注入多摩川，全長僅三．七公里，並在途中形成了等等力溪谷。

之所以會在大都會裡出現溪谷，是因為這一帶乃是武藏野台地南側往多摩川方向傾斜的陡坡，加上附近湧泉水量特別豐沛，台地在湧水侵蝕之下形成的便是等等力溪谷。

這座溪谷還有一處名為「不動瀑布」的自然瀑布。儘管實際上只有如絲線般的細長水流從山崖流下，甚至令人懷疑這是否真的能稱為瀑布，但四周陡峭的地形與湧泉水確實說明了這裡出現溪谷的原因。

位於等等力溪谷附近的滿院寺別院的等等力不動尊自古就是著名的靈場，如今偶爾還是可以看到有人在不動瀑布底下進行淋身修行。

東京的都心也有溪谷

另一個會讓人想到溪谷的景觀則出現在東京正中央。雖然這可能是很多人已經習以為常的風景，但JR中央線御茶水站附近的神田川沿岸就宛如溪谷一般，在聖橋到御茶水橋一帶形成絕美景致；不僅河畔綠意盎然，向下切削的谷底也可見河水緩緩向前流動。

神田川以三鷹市內井之頭公園的井之頭池為源頭，全長二十四．六公里，是屬於荒川水系的一級河川。沿途先在中野區南部與善福寺川相接，於新宿區北部與妙正寺川合流，之後在飯田橋一帶沿著千代田區以及文京區的交界一路往東，於兩國橋北側注入隅田川。神田川的長度甚至比作為主流的隅田川（二十三．五公里）還要更長。

文京區的湯島以及千代田區的神田駿河台如今已被神田川的深溝一分為二，但是在德川家康進駐江戶之前，這附近是一座名叫神田山的小型台地（參考第1章第4節以及第3章第5節）。本來緊緊相連的湯島和神田駿河台，因為二代將軍德川秀忠的遠大計畫而改頭換面。

德川秀忠為了達到保衛江戶城以及防範洪水的目的，打算把神田川打造成天然的護城河，為此便命人向下開鑿台地，成為現在神田川的樣貌，並在御茶水附近形成了類似溪谷的景觀。由於該工程由仙台藩伊達家負責，因此這裡又被稱為「仙台堀」。但話說回來，在大都會中央出現如此壯觀的景象不僅令人嘖嘖稱奇，也印證了東京地形的高低差確實相當劇烈。

順帶一提，「御茶水」是對ＪＲ中央線及總武線御茶水車站附近的神田川沿岸地區的通稱，而非正式的行政地名。據說在江戶初期，位於神田川河畔的高林寺內有一處清冽的湧泉，後來被用於泡茶獻給將軍德川秀忠，於是人們將湧泉稱為「御茶水」，最後才漸漸演變成這一帶的地名。

御茶水附近的神田川又稱「茗溪」。「茗」代表茶，「溪」則是谷底的溪流。作為泡茶用水獻給將軍的湧泉後來流進了這座溪谷，從而誕生出這個雅稱。

儘管泉水因為神田川的擴張工程而消失，高林寺也已經遷址，地名卻被保留了下來。江戶時代大名屋敷等各式建築林立的御茶水，如今已成為東京首屈一指且充滿朝氣的學生街道。

位於東京二十三區的水準原點與經緯度原點

「東京水準原點」的標高變成二十四．三九公尺的原因

正如日本的政治、經濟、文化中心都在東京，用來測量土地高度與經緯度的基準原點也在這裡，但一般人通常不太清楚它們的正確位置。即便感興趣的人可能不多，知道土地的正確高度卻對維持社會生活非常重要，只不過大多數的人似乎都對此並不在意。

測量土地高度——即標高的基準稱作「水準點」，也就是在進行河川改道或是興建道路、鐵路、港灣及下水道工程時，用來測量施工現場正確高度的基準，而日本的水準測量基準點被稱為「日本水準原點」。

日本土地高度（標高）是將東京灣的平均海面設為標高零公尺，並以此為基準來測量高度。然而，海平面會隨著風浪和潮汐的影響不斷變動，因此必須在陸地上的某處設置一個不變的基準點。一八九一（明治二十四）年，政府於是在國會議事堂前庭北側的憲政紀念館區內（千代田區永田町一丁目1番地）設置了「日本水準原點」，相較於位在隅田川河口的靈岸島水位觀測所（現今中央區新川一、二丁目）所測量到的平均海面（標高零公尺）高出了二十四．五〇〇〇公尺。

為什麼要特地把日本水準原點設在離靈岸島觀測所這麼遠的地方呢？雖然近一點或許比較方便，但是會這麼做是有原因的。由於靈岸島附近的地質非常鬆軟，高度很有可能會因為地層下陷而改變，所以才選擇將水準原點設在地質穩固的山手台地。不僅如此，為了讓原點的基石能長期維持相同高度，設置時是以地下十幾公尺的堅硬地層為地基，以此來防範地層下陷的風險。

然而一九二三（大正十二）年的關東大地震造成大規模的地殼變動，重新測量後發現整體下沉了八十六毫米，高度於是在一九二八（昭和三）年被調整為二十四．四一〇公尺。到了二〇一一（平成二十三）年的三一一大地震再次觀測到地殼變動，導致高度下陷了二十四毫米，目前日本水準原點的標高也因此改為二十四．三九〇〇公尺。

日本水準原點被設置在永田町的另一個原因，是因為這裡曾經是陸軍的參謀本部。當時，日本的地形圖是由陸軍參謀本部的陸地測量部（國土交通省國土地理院的前身）負責製作，如今標有刻度的「日本水準原點」就安置在羅馬神殿風格的石造建築物（日本水準原點標庫）裡。

作為日本水準原點基準的東京灣平均海面雖然過去都是在靈岸島水位觀測所進行測量，但是靈岸島的位置隨著月島、晴海及台場等東京灣沿岸的填海造陸逐漸從東京灣變成隅田川下游，導致它不再適合作為東京灣平均海面的測量場所。因此，現在已改由位於三浦半島尾端的油壺驗潮場來進行測量。

重要性僅次於日本水準原點的則是「基準水準點」，通常被設置在地質穩固且和道路有段距離的地方，每一點間隔一百～一百五十公里；此外主要道路旁每隔兩公里左右還會設有一等水準點或二等水準點，這些都是當地測量標高的參考依據。

水準點的用途並不僅是測量山的標高。透過正確掌握土地的高度變化，便能察覺是否發生地層下陷，同時預防房屋等各種建物受到波及或是事先制定防洪對策。

●「日本經緯度原點」設在麻布的原因

相對於以水準點作為參考基準的標高，地理位置的基準則是經度與緯度。從日本水準原點所在的國會議事堂前庭往南兩公里左右，在阿富汗大使館正面右手邊的一塊小型綠地上，便能看到「日本經緯度原點」的金屬標誌，地址是「港區麻布台二丁目18番地」，與東京鐵塔相距不遠。

這個設置地點或許令人感到不可思議，不過其實在一八七四（明治七）年此地曾設有海軍水路寮（水路部）用來觀測天文和氣象的觀象台，也因此成了日本經緯度的原點。

一八八八（明治二十一）年，觀象台由東京天文台（現為國立天文台）接管。一八九二（明治二十五）年，參謀本部陸地測量部把東京天文台的子午儀（用來觀測天體赤經、赤緯的精密儀器）中心訂為「日本經緯度原點」。所謂的日本經緯度原點是測量日本在地球上的位置時所使用的基準點，日本全國的經緯度都是根據這個原點進行測定。據說子午儀後來在一九二三（大正十二）年的關東大地震遭到破壞，於是才在原址設置了標示日本經緯度原點的金屬標誌，而刻在上頭的十字中心便象徵著原點的正確位置。

不過，二〇一一（平成二十三）年的三一一大地震造成地殼變動，導致日本經緯度原點往東偏移了二十七・七公分。如今日本經緯度原點的數值如下：

日本經緯度原點的經度

東經一三九度四十四分二十八秒八八六九

日本經緯度原點的緯度

圖－35　日本水準原點與日本經緯度原點

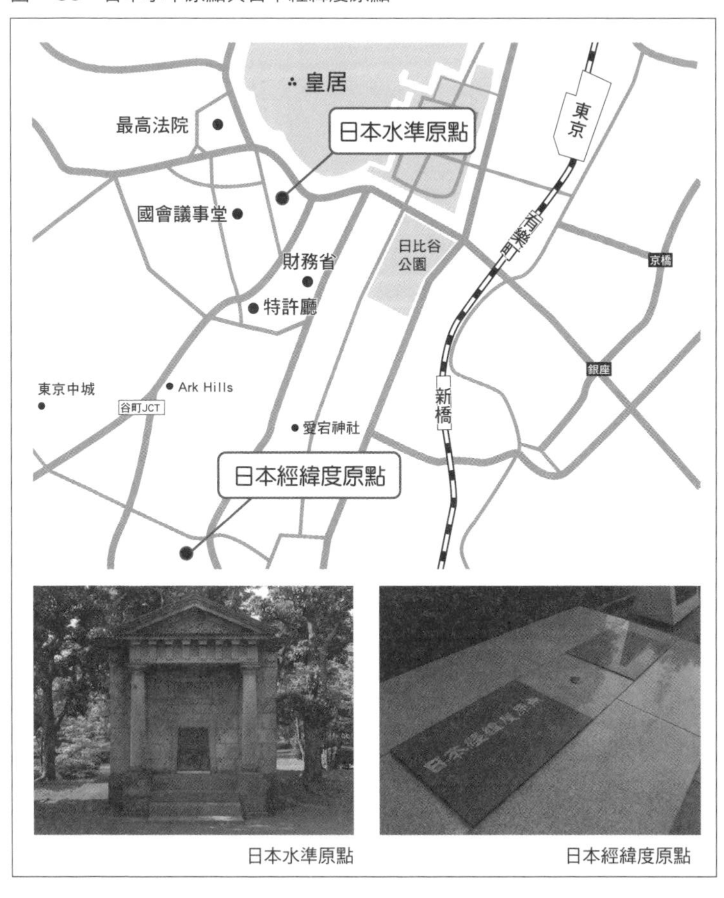

日本水準原點　日本經緯度原點

北緯三十五度三十九分二十九秒一五七二

除此之外，日本又在二〇〇一（平成十三）年將地面測量從日本大地測量系統改採全球通用的世界大地測量系統，東京因此減少了十二秒經度、增加了十二秒緯度；換算成距離的話，也就是大約往西北方移動了四百五十公尺。

東京二十三區也有「陸上孤島」

遍布二十三區的驚人鐵路網

隻身漂浮在遠離陸地的海面上的小島叫作「孤島」，而交通極度不便且與周遭隔絕的地方有時則會被戲稱為「陸上孤島」。

這樣的說法或許對住在偏鄉地區的人有些失禮，有時甚至被當成一種歧視，但是這些陸上孤島保留了日本早已失去的人情、文化與自然，因此並不具有歧視之意。

提到「陸上孤島」，大家應該會想到沒有鐵路和公車、道路不發達且與世隔絕的山間聚落。被稱為「陸上孤島」的地方的確大多位在人口銳減的鄉下山區，不過在都會裡面也有一些地方被叫作「陸上孤島」。

東京的鐵路發達程度眾所皆知，比起成群的高樓大廈與人潮，從各地來到東京的人反而會對鋪天蓋地的鐵路網瞠目結舌。

有些人在老家的時候每天只有幾班電車，當他們看到每隔兩、三分鐘就有一班由數節車廂組成的超長電車從眼前經過，都無不感到萬分驚訝。而幾乎不用等待就能搭上電車的便利性，也讓不少人重新體認到東京真的是一個大都會。

下面就讓我們來看看東京二十三區到底分布了多少鐵路吧。

首先最厲害的是每隔兩、三分鐘就會有長十一節的電車繞行都心的山手線，其次是形同以東西向穿過山手線中間的中央線和總武本線，以及從南北貫穿都心的京濱東北線。

而副都心的新宿、池袋和澀谷也有大型私鐵路線以放射狀路線往郊外延伸，同時地下鐵的路

表－12　行經東京23區的鐵道路線

JR	新幹線	東海道新幹線、東北新幹線、上越新幹線、北陸新幹線
	在來線	山手線、中央線、總武本線、京濱東北線（東北本線、東海道本線）、埼京線、京葉線
大型私鐵	東京急行電鐵	東急東橫線、東急田園都市線、東急世田谷線、東急池上線、東急大井町線、東急目黑線
	西武鐵道	西武新宿線、西武池袋線、西武豐島線、西武有樂町線
	東武鐵道	東武伊勢崎線、東武東上本線、東武龜戶線、東武大師線
	小田急電鐵	小田急小田原線
	京王電鐵	京王線、京王新線、京王井之頭線
	京濱急行電鐵	京急本線、京急空港線
	京成電鐵	京成本線、京成成田空港線、京成押上線、京成金町線
其他私鐵	東京單軌電車	羽田空港線
	百合海鷗	東京臨海新交通臨海線
	東京臨海高速鐵道	臨海線
	首都圈新都市鐵道	筑波快線（TSUKUBA EXPRESS）
	埼玉高速鐵道	埼玉高速鐵道線
	北總鐵道	北總線
	東京都交通局	都電荒川線、日暮里－舍人線
地下鐵	東京 Metro	銀座線、丸之內線、日比谷線、東西線、千代田線、有樂町線、半藏門線、南北線、副都心線
	東京都營地下鐵	淺草線、三田線、新宿線、大江戶線

線也在地底縱橫交錯，日常生活即使沒有汽車也不會感到不便。東京的汽車持有率之所以是日本最低，多少也是受到鐵路交通發達的影響。

東京二十三區的面積為六百二十多平方公里，比它更大的市町村在日本全國有一百四十個以上，因此二十三區絕對算不上特別遼闊。在這個長寬各約三十公里的狹小範圍裡面，架設了五十條以上的鐵道路線和五百個以上的車站；從表—12便不難看出，東京二十三區的鐵路有多麼充實。

要花四十分鐘以上才能走到車站

在鐵道網如此密集的東京（二十三區），似乎只需要十分鐘就能走到某個車站。就算地面上沒有鐵路，地底也有東京Metro和都營地下鐵的路線如網狀般遍及各處。

但是就好比日本的人口分布有疏密之分，東京二十三區也還是有鐵路較不發達的地方。

東京Metro和都營地下鐵加起來共有十三條路線，總長三百零四公里，車站多達二百八十五個，卻完全沒有經過世田谷區以及葛飾區。

當然，世田谷區有東急、京王等各種私鐵路線，葛飾區也有JR和京成電鐵。不過相較於千代田區的車站有四十三個，面積比它大了四倍以上的江戶川區卻只有十二個，可以看出鐵路車站的數量在地區間存在著巨大差異。

二十三區其實有不少距離車站超過一公里的地方，也就是必須徒步十五分鐘以上（圖—36），甚至是步行超過三十分鐘才能抵達車站。我們姑且把這些地方稱為「陸上孤島」。東京灣沿岸的海埔新生地有很多陸上孤島也就罷了，但這種情況即便在內陸地區也意外地常見。

圖－36　東京23區內距離車站需徒步15分鐘以上的地區

資料來源：淺井建爾《くらべる地図帳》（東京書籍）

從地圖上可以看出在足立區的北部和西部、江戶川區的北部、練馬區的西北部以及世田谷區的西南部都有大片的陸上孤島。

舉例來說，距離練馬區大泉學園町最近的車站雖然有西武池袋線的大泉學園站，但雙方的距離有三公里以上，走路至少需要四十分鐘；江戶川區挾於ＪＲ總武本線與都營地下鐵新宿線的地區也形同陸上孤島，走路要花上三十分鐘才能抵達車站。

相較於有越來越多偏鄉

地區因為鐵路廢線導致交通困難，東京反而因為不斷增設新線而變得越來越方便。

例如有些地方正是靠著新開通的路線擺脫了陸上孤島的稱號。在葛飾區北端的水元公園附近，從「西水元」到「東水元」的大場川南岸地區是典型的「陸上孤島」，這裡離最近的ＪＲ常磐線金町站足足有四公里遠，徒步需要超過一個小時。

即便二〇〇五（平成十七）年開通的筑波快線（TSUKUBA EXPRESS）多少緩解了交通不便的問題，依然有地方距離車站需要步行三十分鐘以上。儘管附近有位於埼玉縣八潮市的八潮站可以利用，但是身為東京都民卻不得不仰賴埼玉縣的車站，多少讓人心情有些複雜。

以高級住宅區聞名的港區麻布十番到白金台一帶以前也被稱作「陸上孤島」，不過二〇〇〇（平成十二）年開通的地下鐵南北線改善了交通，讓這裡脫離了被孤立的狀態。

然而，也有人反映往來人口的增加導致了居住環境的惡化。可見就算交通便利也不一定就適於定居。

雖說鐵路是東京都民不可或缺的交通工具，不過在沒有鐵路的地方則有公車大顯身手。即便在「定時制」這點輸給鐵路，公車的路線網卻遠比地下鐵更加充實，稱得上是東京都民無可取代的日常代步工具。

10 東京的合成地名&人名地名

●清洲橋是合成地名，一石橋是人名地名

據說日本全國有一千萬個以上的地名，且各個都有獨自的由來，但其中合成地名卻讓地名研究家傷透腦筋。

所謂的合成地名是由複數地名結合而成，由於是把歷史悠久的地名拆解後重新組合，因而有可能會變得意義不明。

合成地名不僅會抹煞掉能夠追溯當地歷史文化的線索，甚至可能誤導人們流傳錯誤的歷史，但這種合成地名在東京卻是多不勝數。

先前已經介紹過，東京二十三區之一的大田區是從合併的大森區和蒲田區各取一字為名，而多摩地區的**昭島市**也是在昭和町與拜島村合併的時候，以昭和町的「昭」與拜島村的「島」結合而成。

千代田區的**「紀尾井町」**同樣因為坡道附近曾經坐落著紀伊德川家、尾張德川家及彥根藩井伊家的中屋敷，於是人們用紀伊的「紀」、尾張的「尾」和井伊的「井」將坡道命名為「紀尾井坂」，之後才變成這一帶的地名。

文京區的**「千石」**在實施住居表示的時候，從流經當地的「千」川和小「石」川各取一字；而江東區的「千石」也是在同一時期由千田町的「千」及石島町的「石」組合而來。

另外像是新宿區的**「大京町」**取自大番町的「大」與右京町的「京」、世田谷區的**「代澤」**取自代田的「代」與北澤的「澤」、而北區的**「堀船」**則是取自堀之內的「堀」以及船方的「船」。

這類合成地名在二十三區裡隨處可見。橫跨文京區和台東區的「谷根千」地區，也是根據谷中、根津、千駄木的第一個字所衍生的俗稱。

有些橋名也是由兩個地名結合而成。因為橋梁架在河川之上，從河的兩岸各取一字當作橋名或許確實是一種考慮到居民感受的合理做法。

被譽為隅田川十三橋當中最美的「清洲橋」是以流經德國科隆的萊茵河上的吊橋為範本打造，也是日本首座被指定為國家重要文化財的道路橋。橋的名稱正是取自江東區這一側的「清」澄町以及對岸中央區的日本橋中「洲」。

那麼，橫跨日本橋川的「一石橋」又是如何呢？日本橋川的南北兩岸分別是八重洲一丁目和日本橋本石町，但這座橋並不是命名自八重洲一丁目的「一」以及日本橋本石町「石」，而是早在江戶初期就已經存在。

當時的一石橋還是一座小型木橋，隔著木橋的北側坐落著掌管金座[7]的後藤家宅邸，南側則是御用和服商人的後藤宅邸；每當木橋受損的時候，都會由兩個後藤家贊助修理費用。據說後來有人把「後藤（GOTOU）」跟同音的「五斗」聯想在一起，而五斗加五斗等於一石，這座橋因此被稱為「一石橋」。

雖然現在一石橋已經被從上方穿越的首都高速道路遮住了視野，不過在當時卻因為可以從這裡看到包含一石橋在內的八座橋而得稱「八見橋」，是江戶的知名景點之一。

東京有許多人名地名

東京也有很多出自人名的地名，其中絕大多數都與江戶時代的武將有關，不過也有一些光靠字面上看不出來是否與人名有關。例如方才提到的一石橋其實也可以算是人名地名的一種。

山手線沿線有許多來自人名的地名，主要的例子像是位於東京車站東側的「八重洲」便是源於荷蘭貿易商耶楊子（Jan Joosten），他是德川家康底下的外交顧問，因功績顯赫而在此地獲得一棟宅邸。據說從他的日本名「耶楊子」（YAYOUSU）衍生出「YAYOSU」及「YAESU」兩種讀音，後來才被套上了「八重洲」的漢字。

亦是山手線站名的「有樂町」則與織田有樂齋的宅邸有淵源，他是江戶初期的武將與茶人，也是織田信長的弟弟。

「半藏門」除了是江戶城的西城門，也是東京Metro半藏門線上的站名，因附近曾是侍奉德川家康的幕臣服部半藏的組屋敷而得名；港區的著名高級住宅區「青山」取自家康重臣青山家的下屋敷；至於知名的二手書店街「神田神保町」則是取名自江戶初期的旗本神保長治的宅邸。

文京區的地名「春日」源自三代將軍德川家光的乳母——春日局的領地；以大規模團地聞名的板橋區「高島平」則與江戶後期在此進行西洋槍砲演習的砲術家高島秋帆有關。

另外像是杉並區北部的「今川」，昔日曾是江戶初期的旗本今川直房的領地；位於墨田區的「業平」則是源自平安初期的歌人在原業平，以前附近還設有東武伊勢崎線的業平橋站（現為東京晴空塔站）。

以上列舉的人名地名不過是其中的一小部分。若是認真尋找，在東京二十三區還能發現更多與人名相關的地名。

7 鑄造、鑑定及蓋印核發貨幣的機構。

容易混淆的東京地名&站名

深大寺的神代植物園

東京近郊的調布市有一座名叫深大寺的天台宗古剎，其歷史悠久在都內僅次於淺草寺。穿過山門之後，本堂和元三大師堂等佛堂建築就佇立在蒼鬱的樹林當中。這裡最有名的是名列「日本三大達摩市」之一的深大寺達摩市，以及特產的「深大寺蕎麥麵」。

位於深大寺隔壁的神代植物公園是都內唯一的植物公園。「神代」讀作「JINDAI」，跟「深大」的讀音正好相同，但寫法卻不一樣。或許有不少人對箇中原因抱持疑問，畢竟把神代唸成「JINDAI」本就不太自然，通常都會唸作「KAMISHIRO」或是「KAMIYO」，為什麼這裡卻唸成「JINDAI」呢？雖然在秋田縣也能找到讀作「JINDAI」的JR田澤湖線神代站以及神代村，因此發音本身算不上是特別奇怪，但是深大寺與神代植物公園的讀音相同並非純屬巧合。

在明治中期以前，深大寺周邊曾有一座深大寺村，後來在一八八九（明治二十二）年實施町村制的時候，與佐須村、柴崎村以及入間村合併成神代村。據說當時的居民原本想取名叫「深大寺村」或「深大村」，然而這樣乍看之下就好像是深大寺村併吞了其他村莊，似乎有些不妥。

推測當地居民因此選擇用意指「神明統治的時代」的「神代」（KAMIYO）作為村名，並將讀音改成「JINDAI」。神代村在一九五二（昭和二十七）年升格為町，並於一九五五（昭和三十）年與調布町合併成調布市。

一九四〇（昭和十五）年，東京府根據東京

綠地計畫買下這附近的土地，取名為神代綠地，並在一九六一（昭和三十六）年開設了神代植物園。這座植物園取名自當時的自治體名稱，以命名方式來說相當符合邏輯。

雖然如今已不見「神代」這個地名，名稱本身卻依舊可見於舊神代町地區的神代高中和神代國中等校名當中。另一方面，因為明治時代實施的町村制而消失的深大寺村，後來也作為深大寺北町、深大寺南町、深大寺東町與深大寺元町等地名重見天日。

國立市的國立大學

中央線在行經多摩地區時會經過的國立市是個學校雲集的都市，從國立車站出來眼前便是井然有序的街道以及充滿綠意的清靜住宅區，作為居住地相當受到歡迎。

市名的由來正是JR中央線的國立站。大正晚期，當箱根土地公司提出打造學園城市的構想，他們邀請大學到谷保村成立校區，並推動在附近的中央線上開設新站。由於新站幾乎就位在國分寺站與立川站的正中間，命名時便採用了兩個站名的第一個字，也就是國分寺的「國」以及立川的「立」，稱作「國立站」。

雖然國立站被設置在谷保村外圍，但隨著車站的開設帶來人潮，車站附近最終成為村子的中心。一九五一（昭和二十六）年，谷保村在升格為町的時候於是根據站名取名為「國立町」。

之後的國立町作為大學城蓬勃發展，並於一九六五（昭和四十）年實施市制之際成為國立市。雖然將國立市的「國立」唸成「KUNITACHI」是關東圈居民的常識，來自其他地方的人卻常常誤讀成「KOKURITSU」。

這個名字因此產生了許多誤會，尤其設於國立市內的國立一橋大學和國立音樂大學（一九七八年遷至立川市）更是讓情況變得更加複雜。一橋大學雖然的確是國立大學，國立音樂大學實際上卻是私立，應該套用地名唸作「KUNITACHI音樂大學」，而不是意指由國家設立的「KOKURITSU」。

此外「國立中央圖書館」更是讓不少人感到困惑：「國立國會圖書館的話倒是有聽過，但國立中央圖書館在哪裡？」這是把地名的國立錯唸成「KOKURITSU」所引發的誤會，所謂的國立中央圖書館其實只是國立市的市立圖書館。

相同情況也發生在國立郵局、國立市役所、國立站前派出所、國立變電所及國立櫻花醫院等等。一旦把這些地方的「國立」唸成「KOKURITSU」，就會令人相當錯亂：「真的有國立的市役所嗎？」「國立的郵局又在哪裡？」

●吉祥寺與水道橋的密切關係

緊鄰杉並區西側的武藏野市一直都是在「最想居住的城市排行」名列前茅的魅力都市。可以搭乘JR中央線和京王井之頭線的吉祥寺站周邊有好幾棟大型商業設施，是廣受年輕族群喜愛的熱鬧街道，在車站附近可以看到吉祥寺本町、吉祥寺北町、吉祥寺東町和吉祥寺南町等地名，且從字面上便不難推敲與寺院有關。中央線上另有稱作「高圓寺」以及「國分寺」的車站，不僅高圓寺站附近確實有一間名為高圓寺的寺廟，國分寺站附近也有國分寺的遺址，這個寺名甚至還成為市的名稱。

然而，在吉祥寺車站周圍卻找不到最關鍵的吉祥寺，過去這裡也沒有寺廟叫這個名字。既然如此，為什麼這裡會被稱作吉祥寺呢？

吉祥寺的起源要追溯到江戶城。一四五八（長祿二）年，太田道灌在建造江戶城的時候挖到了刻有「吉祥」二字的金印，認為這是一個好兆頭，便在城內建了一座寺廟，取名吉祥寺，相傳這就是吉祥寺的起源。

德川家康進駐江戶城後，於一五九一（天正十九）年對江戶城進行大幅改建，吉祥寺於是被遷往現在的水道橋北端（本鄉一丁目），並在當地形成門前町。當時，寺廟前方神田川上架有一座「吉祥寺橋」，這就是現在的水道橋。

然而，一六五七（明曆三）年的「明曆大火」（參考第1章第5節）幾乎燒掉大半個江戶，其中又以靠近起火點的吉祥寺一帶損失特別慘重，幕府於是開始著手重建化為焦土的江戶市區。

為了不讓同樣的悲劇再次發生，幕府在各處設置了阻擋火勢蔓延的防火空地，而吉祥寺周圍也有同樣的規劃。吉祥寺因此被迫搬遷，移往現今所在位置的本駒込三丁目。

然而搬到本駒込的只有寺廟，這裡並沒有足夠空間容納在火災發生前住在門前町的居民。幕府分配給他們的新住處是離吉祥寺非常遙遠的武藏野荒原，他們為了開墾荒地經歷了常人難以理解的辛勞，卻也因此對親手開拓的這片土地抱有深厚的感情。

明治初期有許多從本州移居北海道的人會因為思念故鄉，以故鄉的名稱為拓荒地命名，使得北海道各地都能找到和縣名一樣的地名，例如廣島、鳥取、岐阜、茨城、秋田、長野以及岡山等等。而吉祥寺門前町的居民同樣也把「吉祥寺」這個地名帶到了武藏野，成為今日吉祥寺車站附近地區的起源。

東京持續擴大的「名牌地名」

新宿擴大了十倍以上

就像各地的大都市皆會透過合併周圍的町村來拓寬行政區域，每個市區町村內的地名也在逐漸擴大，且這樣的傾向以品牌力較高的地名來說特別明顯。

長野縣的輕井澤就是一個典型的例子。輕井澤在過去是中山道的宿場町，相當於現今舊輕井澤周邊的區域，於明治中期在傳教士亞歷山大・克羅夫多・蕭（Alexander Croft Shaw）的大力推廣之下，這塊避暑勝地開始受到矚目，成為現在備受歡迎的觀光景點。這般高人氣與優良形象也使得鄰近地區開始以「輕井澤」自稱。

輕井澤町以舊輕井澤為中心，分成中輕井澤、新輕井澤和南輕井澤，在群馬縣吾妻郡的長野原町另有「北輕井澤」，同樣位於吾妻郡的嬬戀村鎌原地區則有「奧輕井澤」，緊鄰輕井澤町西側的北佐久郡御代田町還有一個地區名叫「西輕井澤」。輕井澤之名就這樣逐漸擴大，甚至跨越了縣境。

東京也有不少看準名聲而取的地名。以實施住居表示為契機，如「東○○」、「西○○」等在知名地名前面冠上方位的命名方式屢見不鮮，例如，新宿區的地名「新宿」，在實施住居表示以前只有「新宿一丁目～四丁目」，而且範圍也比現在還小（圖－37）；但是自一九七〇年代開始實施住居表示以後，花園町被新宿一丁目吸收，新宿站東口的角筈一丁目也與新宿三丁目合併，而番眾町、三光町及東大久保一帶則變成「新宿五～七丁目」。

圖－37　不斷擴大範圍的東京地名

除此之外，角筈一、二、三丁目、十二社、淀橋和柏木一丁目改名「西新宿一～八丁目」，柏木二～五丁目也變成「北新宿一～四丁目」，冠上「新宿」的地名範圍是實施住居表示之前的十倍以上。

而豐島區的池袋站周邊同樣也被改成「池袋」、「池袋本町」、「上池袋」、「東池袋」、「西池袋」以及「南池袋」等了無新意的地名。

就連全東京最早發展起來的淺草也沒能逃過一劫。聖天町、猿若町、象潟、馬道、花川戶、菊屋橋等無數傳統地名都因此遭到抹殺，改由「淺草」、「東淺草」、「西淺草」及「本淺草」取而代之。儘管住居表示意在重新規劃複雜的町域並簡化町名，卻埋葬了許多在漫長歷史中孕育出的古老地名。

或許是因為人們開始意識到地名的重要性，近年興起了一股守護傳統地名的風潮，甚至聽說有讓消失的地名重新復活的例子。

●曾經只有一～四丁目的銀座

「銀座」在日本無人不知、無人不曉，同時作為代表日本的繁華街享譽國際，高雅時髦的街景可以說是日本人的憧憬。在日本各地有許多希望能像銀座一樣繁榮而以「〇〇銀座」為名的商店街，其數量至少有三百以上。

雖然銀座的人氣居高不下，地名本身的歷史卻不長。「銀座」的起源可以追溯至江戶時代設於此地的銀貨鑄造所，稱為「銀座役所」。當時由於各地製造的銀貨品質參差不齊，統一天下的德川家康於是在一六〇一（慶長六）年於京都伏見成立銀座役所，確保銀貨的品質都能維持相同水準；到了一六〇六（慶長十一）年，另一間銀座役所被設置於家康的隱居地駿府（靜岡）。

伏見銀座役所在一六〇八（慶長十三）年遷至京都的兩替町，駿府銀座役所也在一六一二（慶長十七）年搬到江戶的新兩替町，也就是現在的東京銀座。在銀座役所遺址所在的銀座二丁目附近有座石碑，上頭刻著「銀座發祥之地」。

雖然江戶的銀座役所於一八〇〇（寬政十二）年遷往當時的流通經濟中心——日本橋蠣殼町，但銀座並沒有因為失去銀座役所而日漸衰落，反而作為商業核心地帶持續發展，成為今日可見的大型繁華街道（圖—38）。

「銀座」當初只是一個俗稱，正式來說其實叫作新兩替町。直到江戶的町名遭到大幅修改的一八六九（明治二）年，銀座才正式成為地名，且面積也沒有現在這麼寬廣。一開始銀座只有被劃分成一到四丁目（圖－39），所涵蓋的範圍更僅限於今日中央通兩側的一～四丁目。

後來歷經多次的區劃重整，到了一九三〇（昭和五）年，從晴海通到海岸通的區域被併入銀座，銀座的丁目從四個變成八個，至於銀座與外堀之間的地區則改名為「銀座西」（圖－40）。

圖－38　銀座（1930～1951年）

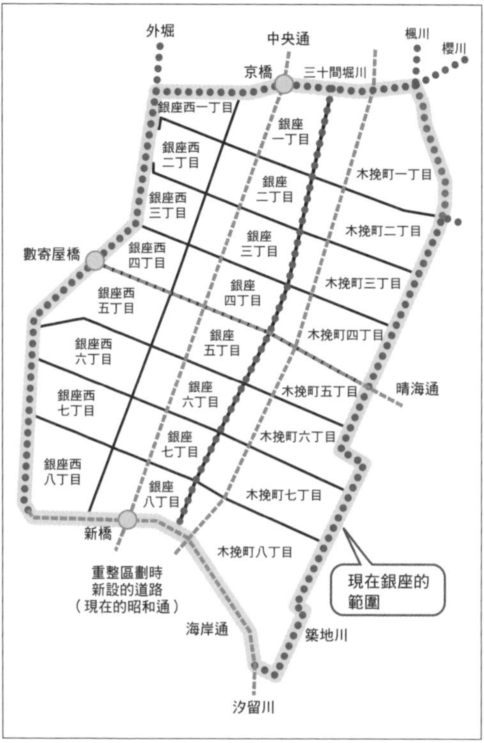

三十間堀川（現為昭和通）在戰後的復興期被瓦礫填平，使得相鄰的木挽町與銀座得以相連。隨後在一九五一（昭和二十六）年，木挽町一～八丁目於是改稱「銀座東一～八丁目」（圖－41）。

一九六八（昭和四十三）

年實施住居表示以後，銀座合併了銀座西，並於隔年四月又合併了銀座東，形成現在的行政區域。

如今銀座四周圍繞著首都高速公路的都心環狀線以及東京高速道路，因此前往銀座時無論如何都必須穿過高架道路下方，而熱鬧的商店街也在此不斷延綿。

圖－39　1869（明治2）年銀座的範圍

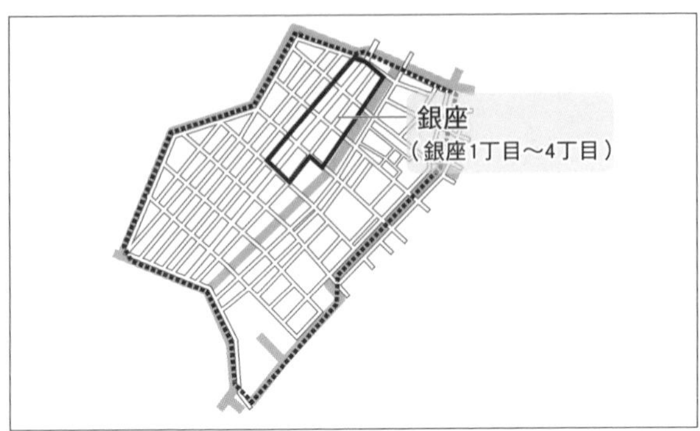

圖－40　1930（昭和5）年銀座的範圍

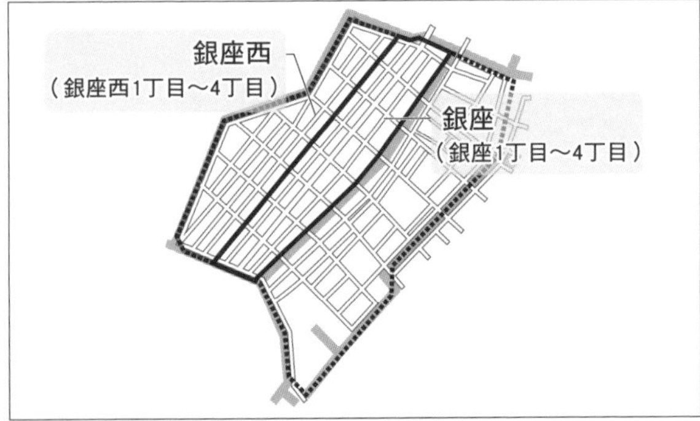

圖－41　1951（昭和26）年銀座的範圍

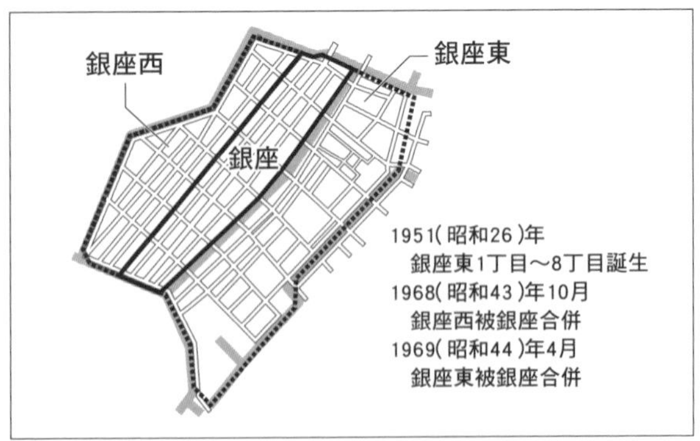

第4章

發掘隱藏在地圖裡的東京歷史與文化

東京曾是日本第一的酪農區

東京的都心曾是牧場密集區

提到日本酪農業最發達的地區，大多數的人應該都會先想到北海道。這也難怪，畢竟北海道是日本最大的酪農區，擁有的乳牛數量超過全國的半數以上。不過在明治時代，東京才是日本最大的酪農地帶。

更驚人的是，當時日本有超過一半的乳牛被飼養在東京都心。雖然讓人難以置信，但這卻是不爭的事實。

日本的牛馬直到江戶末期主要都用於農耕與載貨，但進入明治以後，政府開始積極採納歐美的先進農業，試圖一改以往的思考方式，從牛身上搾取牛奶等副產品。

他們透過招攬國外的農學家與技術人員來學習農業技術並試行酪農業，而此時的第一個實驗地點，正是日本的首都東京。

現在的東京都心之所以會成為當時酪農業的一大盛行地，是因為這裡有許多荒廢無人的大名屋敷。政府讓人們在這些地方飼養乳牛並經營酪農業，最初的用意其實是為了因應武士階級在明治維新後的失業情況所做的對策。

不過，當時的日本人還沒有養成喝牛奶的習慣，會這麼做的只有留日的外國人或上流階級，導致酪農業生意慘淡，工作起來相當辛苦。

到了一八七五（明治八）年，東京牛乳搾取協會的成立讓飼養乳牛與喝牛奶的風氣在庶民之間日漸普及。當牛乳事業開始步上軌道，政府高官也紛紛加入酪農業的行列。

榎本武揚、松方正義、山縣有朋及大久保利

通等人開始在大名屋敷遺址經營乳業。進入明治中期，光是在目前東京都心的千代田、中央、港、新宿、文京與台東六區就開設了超過一百處牧場，乳牛的數量則高達三千頭以上。

為什麼偏偏要選在日本首都東京的正中央發展酪農業呢？在這背後有著各式各樣的因素，但首要的原因之一便是因為牛奶很容易腐壞。

當時日本的運輸手段尚不發達，也還沒有發展出保存牛奶的技術，牛奶一旦擠出來就得馬上飲用，因此必須每天安排配送。雖然一般人還沒有養成喝牛奶的習慣，但東京相對人口眾多，需求自然也遠高於其他地區。

然而隨著東京的牧場不斷增加，牧場與附近居民之間開始為了惡臭與衛生問題發生衝突。牧場因此漸漸從都心往三多摩地區等郊外移動，最終遍及全國各地。

不過話說回來，看著現在的東京實在很難想像這裡的都心曾經是日本最大的酪農區。

水車曾是東京的特有景致

光是東京都心曾經飼養著數千頭牛的事實就已經十分出人意料，那麼如果說以前在東京隨處都可以看到水車在田間的渠道旁一邊發出「叩咚叩咚」的聲音一邊轉動的光景，是不是更令人難以置信呢？

水對於栽培農作物來說是不可或缺的。農民們開墾土地，從河川引水滋潤農田，這時水車便扮演了相當重要的角色。

作為一種利用水流的力量轉動車輪、把水的動能轉化為機械能的旋轉裝置，水車在明治時代的東京相當活躍，特別是在通過武藏野台地的玉川上水及其分流沿岸，都設有許多水車小屋。

玉川上水與神田上水並稱「江戶二大上水」，當初為了確保江戶居民的飲用水源，便於一六五三（承應二）年打造水渠，從羽村引入多摩川的河水提供給江戶市區。

雖然最初的目的僅限於供給飲用水，玉川上水的水流後來也逐漸用於灌溉農業，且因此被開鑿出好幾條新的分流，例如三田用水和品川用水。

從江戶末期到明治年間，人們在玉川上水和各個分流上利用水流高低差建造了許多水車，以此來灌溉流域內村莊的廣大農田，至於沒有高低差的地方則透過人力踩動水車的方式把水送往田地。此外水車不僅能灌溉農田，也可以借助水的動能進行穀物的脫殼或研磨。

除了玉川上水，人們接連在神田川、石神井川以及目黑川等東京的河川或引水渠道上架起水車。一望無際的農田、緩緩流過田間的涓涓細水以及在水路旁發出聲響轉動的水車，這樣的風景曾經是東京的特有景致。

後來隨著工業逐漸發達，水車也被工廠當成動力來源，對日本的近代化做出極大的貢獻。然而進入大正時代以後，電力的普及讓水車結束了使命，數量也隨之減少。

到了昭和初期，東京已幾乎不見水車的蹤跡。不過在玉川上水、目黑川及等等力溪谷等地，仍可以透過紀念當地曾設有水車的石碑或是水車小屋遺址的導覽看板來遙想昔日的風景。

2 東京商業區的誕生秘辛

有「一丁倫敦」之稱的日本第一的商業區

東京的政府機關和辦公商圈之所以都集中在皇居周圍，與江戶是以江戶城為中心發展的城下町不無關係。而在江戶城的四周，則坐落著為了加強守備而集中配置的武家屋敷。

其中，挾於江戶城的內外堀之間的丸之內在當時被稱作「大名小路」，井然有序地林立著諸藩的大名屋敷；然而在德川幕府崩壞之後，這些宅邸遭到明治新政府沒收，改建為政府廳舍或是保護首都的軍事設施。

位於皇居與東京車站之間的丸之內一帶過去曾是陸軍省的軍事用地，一部分的武家屋敷被改造成兵舍，寬敞的空地則變成陸軍的練兵場。但是到了明治中期，為了進一步強化首都機能，便打算遷移位於都心的陸軍設施，在麻布設置新的兵舍。然而陸軍省並沒有足夠的資金，為了籌措相關費用，他們決定向民間出售陸軍用地，卻因為地價過高乏人問津。但即便如此，也不能就這樣對首都正中央的大片土地置之不理。

後來，政府終於認真看待此事，並把目標鎖定在經營日本郵船等事業、生意正好的三菱財閥。原以為財力雄厚的三菱一定會願意出手，沒想到對方卻以「就算買下這麼大的土地也不知道用來做什麼」為由拒絕了。時任大藏大臣的松方正義對此相當焦慮，據說還因此聯絡了三菱財閥的岩崎彌之助，懇請對方買下丸之內附近的土地，當作是幫政府一個忙。不論事實為何，這塊土地最終還是由三菱買下，令世間為之譁然，而這片雜草叢生的寬廣原野也從此得稱「三菱原」。

三菱立刻展開了三菱原的開發計畫，並參考集結了許多金融機構的倫敦朗伯德街（Lombard Street）來打造一條商業街。就在舊東京都廳於東京國際論壇大樓現址落成的一八九四（明治二十七）年，由英國人康德（Josiah Conder）所設計的三菱一號館宣告完工，這棟三層樓的紅磚建築就坐落在如今三菱商事大樓本館的所在地。

從這棟一號館開始，三菱又陸續打造了三菱二號館（現為明治生命大樓）及三菱三號館（現為新東京大樓）。直到一八九九（明治三十二）年作為東京商工會議所的三菱四號館（現為東京商大樓）完工之後，有「一丁倫敦」之稱的商業地帶就此形成；在這條寬三十六公尺的道路上，高度統一為十五公尺的三層樓紅磚建築整齊地比肩而立。

而後三菱十三號館與三菱二十一號館分別於一九一一（明治四十四）年及一九一四（大正三）年六月竣工，同年十二月開放的東京車站更迅速地為丸之內注入活力，原本被稱作「三菱原」的大片荒地於是搖身一變成為日本最大的商業區。

然而隨著日本經濟高度成長，三層樓的辦公大樓日漸不敷使用，最後通通被改建成中型高樓，紅磚建築也因此全部失去了蹤影。不過直到一九七〇年代，這裡仍以一九二三（大正十二）年完成的舊丸大樓（高三十一公尺）為基準，形成高度統一的整齊高樓街道。

後來由於建築物老化，許多業績蒸蒸日上的企業陸續將辦公室外移，丸之內作為商業區的地位逐漸下滑。為了找回昔日榮光，丸之內在進入二〇〇〇年代以後也迎來了摩天大樓的時代；丸大樓在二〇〇二（平成十四）年改建為三十七層的摩天大樓，而新丸大樓也在二〇〇七（平成十九）年成為地上三十八層的高樓大廈。丸之內的再開發計畫將至今的建築一棟棟改建成摩天大樓，成功為這片商業地帶找回人潮與活力。

日本最大的金融街也是銀行發祥地

雖然丸之內是集結了許多大型銀行、企業總公司及辦公室的一大商業中心，但說起日本最大的金融街，還是非設有東京證券交易所的日本橋兜町莫屬。以東京證券交易所為中心，一百多家大大小小的證券公司在此齊聚一堂，形成與紐約華爾街以及倫敦市齊名、世界上數一數二的金融街。同時，這裡也正是全日本第一家銀行的誕生地。

根據日本政府在一八七二（明治五）年制定的《國立銀行條例》所建立的國立銀行是日本第一間銀行，但它並非由國家設立，而是依據前述條例成立的民營機構。以一八七三（明治六）年設立於日本橋的第一國立銀行為契機，國立銀行開始分散至日本各地，到了一八七

圖－42　銀行發祥地

九（明治十二）年已連續成立多達一百五十三間分行；當中光東京就有十七間分行，就比例來說超過一成。由於國立銀行會按照成立的順序編號，因此又被稱為「數字銀行」。

如今位於東京證券交易所南側的「瑞穗銀行兜町分行」即是日本第一家銀行的所在地，在大樓的牆面上，可看到鑲著刻有**「銀行發祥地」**的紀念石碑。

然而，當一八八二（明治十五）年成立的日本銀行成為唯一一家可以發行紙幣的金融機構，國立銀行陸續轉型成普通銀行，到了一八九九（明治三十二）年已不復存在。國立第一銀行先是變成「株式會社第一銀行」，中間又歷經第一勸業銀行的時代，成為現在的瑞穗銀行。另有部分銀行保留了昔日作為數字銀行的痕跡，如第四銀行（新潟）、十六銀行（岐阜）、十八銀行（長崎）、七十七銀行（宮城）、百五銀行（三重）以及百十四銀行（香川），這六家銀行都是直接用當年的編號作為銀行名稱。

不過，主要分布在三重縣的第三銀行是以三重無盡株式會社為前身的地方銀行，與國立銀行沒有任何關聯。至於總行設於長野市的八十二銀行，則是在第六十三銀行與第十九銀行合併的時候以兩行的數字編號相加而來。

國立銀行轉型成普通銀行以後，有三十六家因為面臨破產、關閉或解散而消失，剩下的一百一十七家則依然存活至今。但隨著併購不斷發生，數字銀行逐漸消失，現在已有大約相當於四成二的四十九家遭到總行設於東京的三菱東京ＵＦＪ銀行、三井住友銀行以及瑞穗銀行合併。如今在日本橋附近，聚集著超過百家以上的都市及地方銀行的總行或分行。

3 有九成八的大使館位於東京山手

比大使館還多的領事館

位於日本的外國大使館是各國特命全權大使駐留與執行公務的使館，他們把這裡當成外交活動的據點，為自己所代表的國家進行收集情報、文化宣傳、核發簽證與護照以及經濟活動等各種業務。這裡擁有受國際法保障的外交特權與不可侵犯權，基本上被視為該國領土，就好比存在於日本國內的迷你異國。

長期維持鎖國政策的德川幕府在歐美列強的壓力之下被迫開國，日本於是在幕末打開了與世界進行國際交流的門戶。一八五八（安政五）年，美國、英國、法國與荷蘭最先在東京設置公使館，也就是大使館在日本的起源。

根據一八五八年簽訂的《日美修好通商條約》，美國公使館設於善福寺（元麻布一丁目），境內有第一任美國公使湯森．哈里斯（Townsend Harris）的紀念碑；英國公使館位於東禪寺（高輪三丁目），因為曾遭舊藩的浪士襲擊所引發的東禪寺事件而聞名；而法國與荷蘭的公使館則分別落腳濟海寺（三田四丁目）以及西應寺（芝二丁目），這兩座位於港區的寺廟至今依然尚存。

截至二〇一六年底，在日本駐有大使館的國家多達一百五十三國，其中除了大使館之外，還包含領事館及總領事館等駐外公館。由總領事擔任館長的駐外公館稱為總理事館，而由總領事底下的領事擔任館長的則稱作領事館。日本全國共有兩百四十間領事館（包含總領事館在內），其數量相當於大使館的一．五倍以上（表－13），當中也有一些國家的領事館不只一間。

舉例來說，美國在日本其他五個地方設置了領事館（札幌、名古屋、大阪、福岡、那霸），法國設了九處（北海道、宮城、新潟、愛知、京都、廣島、福岡、長崎、沖繩），德國則有六處（北海道、宮城、愛知、大阪、福岡、沖繩）（以上皆包含總領事館）。領事館的功能在於分擔大使館機能，為突發的緊急狀況做好準備。

領事館主要分布在各地區的主要都市，最多的是大阪府的四十七間，其次依序是愛知縣的三十間、福岡縣的二十九間以及北海道的二十七間。儘管全國有多達二百四十間的領事館，從表格中也能看出，在青森、岩手、山形、富山、石川、福井等十七個縣內卻是連一間都沒有。

表－13　各都道府縣的領事館數量

（包含總領事館）

都道府縣	領事館數	都道府縣	領事館數
北海道	27	滋賀	0
青森	0	京都	11
岩手	0	大阪	47
宮城	7	兵庫	17
秋田	1	奈良	0
山形	0	和歌山	0
福島	1	鳥取	0
茨城	2	島根	0
栃木	1	岡山	1
群馬	1	廣島	6
埼玉	1	山口	1
千葉	1	德島	1
東京	13	香川	0
神奈川	9	愛媛	0
新潟	5	高知	1
富山	0	福岡	29
石川	0	佐賀	1
福井	0	長崎	5
山梨	0	熊本	0
長野	1	大分	1
岐阜	1	宮崎	0
靜岡	3	鹿兒島	4
愛知	30	沖繩	11
三重	0	全國	240

（資料來源：外務省的駐日外國公館清單）

有一半以上的大使館位於港區

大使館原則上會被安排於駐在國的首都，實際上所有設於日本的大使館全都位於二十三區，只不過並沒有平均分布，而是集中在某些特定區域。在二十三區當中，僅有九區設有大使館，剩下的區劃則是沒有任何大使館的蹤影(圖—43)。

圖—43 大使館的數量

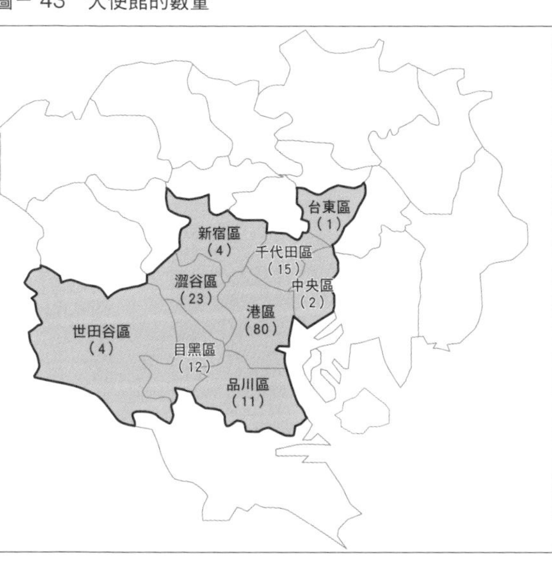

大使館最多的地方是面積佔二十三區整體只有百分之三的港區，這裡有多達八十個國家的大使館，足足是總數的一半以上，其中絕大多數都集中在麻布一帶的元麻布或南麻布等地。

港區聚集了這麼多的大使館並非偶然。理由很簡單，因為這裡曾經坐落著許多江戶時代的大名屋敷。江戶幕府倒台以後，已無用武之地的大名屋敷逐漸荒廢，因而出現大量閒置的土地，正好可以用來設立駐外公館；加上對日本來說，讓大使館集中在一起也比較便於維安，因而積極勸導各國把大使館蓋在大名屋敷的遺址上。

若是透過地圖查看大使館的位置，可以發現它們大多都位於山手地區。從南北向幾乎貫穿二十三區正中央的JR京濱東北線相當於山手與下町的交界，鐵路以東的面積大約佔整個東京二十三區的百分之四十五，然而設在這個範圍裡面的大使館卻只有三間而已。

位於台東區淺草橋的剛果民主共和國大使館、中央區入船的薩摩亞大使館以及中央區築地的阿爾巴尼亞大使館是唯一坐落在京濱東北線東側的大使館，剩下的一百五十國都設於京濱東北線以西，也就是整體有九成八的大使館都在靠近山手這一側。

相較於日本人從以前就喜歡住在水陸交通便利的低窪地帶，外國人則偏愛日照良好、環境優美的台地，而這也是大使館集中在山手的主因之一。日本近年來也開始喜歡在高地或丘陵地規劃住宅用地，即使是在東京二十三區，如果不論商業地帶，山手也已經變得比下町更受歡迎了。

港區除了擁有良好的居住環境，也很靠近都心或者港口，可見便利的交通也是大使館集中在這裡的原因。當然，未與日本建交的北韓、台灣或巴勒斯坦都沒有大使館，而即便是與日本有邦交的國家，也有的會因為財政因素而不設置大使館，或是與他國的大使館兼併業務。

東京的一等地段地價不斐，就算大國可以在這裡蓋起一棟氣派的大使館，對新興的小國來說卻會對財政造成沉重負擔，因此也有一些國家會選擇遠離港區的郊外作為據點。像是非洲的盧安達大使館就位在遠離都心的世田谷區深澤、坦尚尼亞大使館在世田谷區上用賀、喀麥隆大使館在世田谷區野澤、安哥拉大使館則設立於世田谷區代澤。

4 東京的公園算多還算少？

● 每人平均分配到的公園面積，以江戶川區最大，豐島區最小

東京有很多公園（都市公園），光是二十三區就有上野恩賜公園、代代木公園、葛西臨海公園和駒澤奧林匹克公園等大型公園，在荒川、多摩川以及江戶川的河畔也有不少公園綠地。

至於只有一丁點大的小型公園，在路上可說是隨處可見。此外多摩地區也有井之頭恩賜公園（武藏野市、三鷹市）、小金井公園（小金井市）、昭和紀念公園（立川市、昭島市）以及野山北．六道山公園（武藏村山市、瑞穗町）等，數量不計其數。那麼，與其他地區相比，東京的公園算多還算少呢？

東京都的都市公園總面積為五十八．三平方公里（表－14），其中光是二十三區就有二十七．六平方公里，相當於整體的百分之四十七，是台東區面積的二．七倍。從面積比率來看，二十三區有百分之四．四的面積是都市公園，或著應該說「只有百分之四．四」更為準確。

日本全國的都市公園面積總計一二二八．九平方公里（根據國土交通省都市局二〇一五年的資料），僅佔日本總面積的百分之〇．三，相當於只有東京二十三區的十五分之一。這樣看來，東京的都市公園或許比其他地區都還要多。

然而東京的人口相當擁擠，人口密度大約是全國平均的十八．五倍，如果只看二十三區的話甚至高達四十五倍，導致每人平均分到的公園面積大幅低於全國平均值。

日本國民平均擁有的公園面積為十．二平方

公尺，東京都民則是不到一半的四．三平方公尺；若光就二十三區來說，則會變成更少的二．九六平方公尺。

根據資料顯示，紐約每人平均分到的公園面積為二十九．三平方公里，倫敦是二十六．九平方公里，巴黎則是十一．八平方公里。雖然東京的公園面積一直有在持續增加，與歐美先進國家的都市相比卻依然不值一提。

都市公園除了是東京都民的休憩場所，也能當作舉辦祭典或大型活動的場地；小型公園不僅是孩子們的遊戲場，更是發生災害時的緊急避難場所，因此對大都市而言是非常重要的設施。

在二十三區當中，公園面積比率最高的台東區有百分之七．四二是都市公園，而平均每人分得的面積則以江戶川區的四．九八平方公尺居冠。畢竟台東區有上野恩賜公園，江戶川區則有葛西臨海公園以及江戶川河畔的大片綠地；相反地，豐島區的公園面積比率為百分之一．四，是都市公園最少的地區，每人平均分到的公園面積也只有〇．六二平方公尺，皆為二十三區的最後一名。

新宿御苑屬於哪一種公園？

東京有大小無數的公園，通常都會被歸類在「自然公園」或「都市公園」。自然公園是依據《自然公園法》，以保護當地優美自然景觀為目的所指定的公園，可以分成國立公園、國定公園與都道府縣立自然公園等三種類型。

雖然東京二十三區內沒有任何自然公園，但多摩地區卻一舉囊括了三種類型，像是秩父多摩甲斐國立公園、明治之森高尾國定公園以及都立狹山自然公園。

至於二十三區的公園則幾乎都是都市公園，由地方公共團體依據《都市公園法》設置，類型包含森林公園、運動公園、兒童公園、風景公園、史跡公園、道路公園、交通公園和都市綠地等各種公園或綠地。

橫跨兩縣的大規模國營公園也算都市公園的一種。只要記得「有優美自然景觀的是自然公園，人為建造的是都市公園」就可以了。

表－14　東京都的都市公園面積

市區町村	面積（km^2）	公園面積比例（%）	每人分得之公園面積（m^2）
千代田區	0.27	2.29	4.52
中央區	0.58	5.65	4.00
港區	0.50	2.45	2.03
新宿區	0.55	3.01	1.63
文京區	0.36	3.20	1.63
台東區	0.75	7.42	3.75
墨田區	0.77	5.61	2.98
江東區	2.21	5.50	4.41
品川區	0.73	3.19	1.86
目黑區	0.46	3.15	1.66
大田區	1.99	3.28	2.76
世田谷區	2.51	4.33	2.77
澀谷區	0.74	4.88	3.25
中野區	0.42	2.68	1.26
杉並區	1.11	3.25	1.95
豐島區	0.18	1.40	0.62
北區	0.96	4.63	2.78
荒川區	0.33	3.28	1.56
板橋區	1.89	5.87	3.35
練馬區	1.98	4.12	2.74
足立區	3.11	5.85	4.63
葛飾區	1.80	5.18	4.06
江戶川區	3.40	6.82	4.98
23 區 合計	27.64	4.41	2.96
市 合計	29.14	3.72	7.00
郡 合計	1.27	0.34	21.86
島嶼區 合計	0.29	0.07	11.24
總計	58.34	2.66	4.30

（資料來源：東京都建設局《公園調書》截至2016年4月1日）

雖然前面才說過二十三區裡面的公園都是都市公園，但其實這裡還有一個不屬於都市公園或自然公園任何一方的奇妙公園──新宿御苑。

儘管新宿御苑是人為打造，卻不被包含在都市公園之列，更不屬於自然公園。話雖如此，這裡卻和自然公園一樣都是由環境省管理。

新宿御苑在江戶時代原本是信州高遠藩內藤家的下屋敷所在地，面積為五十八．三公頃，比代代木公園（五十四．一公頃）和上野恩賜公園（五十三．五公頃）都還要大，足以見得江戶時代的大名屋敷佔地之廣。

明治新政府在德川幕府解體後接收了內藤家下屋敷，據說把這裡作為種植果樹或蔬菜的農場，同時進行養蠶業並設置紡織工廠。一八七九（明治十二）年，該地變成皇室專屬的植物御苑，用來舉辦皇室的國家儀典，例如觀櫻會、觀菊會以及大正天皇的喪禮等等。

然而植物御苑在第二次世界大戰期間被摧毀殆盡，直到四年後的一九四九（昭和二十四）年才重新作為國民公園向一般民眾開放。國民公園只有新宿御苑、皇居外苑和京都御苑三個地方，可說是非常稀有。

雖然名字前面冠著「新宿」二字，新宿御苑的土地卻有四成左右屬於澀谷區。苑內可以看到日本庭園、法式庭園和熱帶及亞熱帶的大型溫室，就好比佇立在都市中心的綠洲，是備受東京都民喜愛的名園。

●代代木公園是什麼的遺址？

如果說新宿御苑是建於高遠藩內藤家下屋敷遺址的話，與其只有咫尺之遙的代代木公園又是建立在什麼遺址之上呢？

表－15　東京都主要的都市公園（20 公頃以上）

公園名稱	面積（公頃）	所在地
野山北・六道山公園	140.8	武藏村山市、瑞穗町
水元公園	93.4	葛飾區
葛西臨海公園	80.6	江戶川區
小金井公園	77.5	小金井市
光丘公園	60.7	練馬區、板橋區
代代木公園	54.1	澀谷區
上野恩賜公園	53.5	台東區
舍人公園	51.3	足立區
小山內裏公園	45.9	町田市、八王子市
小山田綠地	44.3	町田市
夢之島公園	43.3	江東區
駒澤奧林匹克公園	41.3	世田谷區
野川公園	39.9	調布市、小金井市、三鷹市
砧公園	39.1	世田谷區
井之頭恩賜公園	38.3	武藏野市、三鷹市
長沼公園	32.0	八王子市
八國山綠地	29.1	東村山市
篠崎公園	28.7	江戶川區
櫻丘公園	27.8	多摩市
瀧山公園	25.9	八王子市
小宮公園	25.1	八王子市
赤塚公園	25.0	板橋區
大島小松川公園	24.8	江東區
城北中央公園	24.2	板橋區、練馬區
木場公園	24.1	江東區
武藏野公園	23.0	小金井市、府中市
大戶綠地	22.4	町田市
石神井公園	20.1	練馬區

＊1 km^2＝100 公頃（ha）

代代木公園佔地五十四・一公頃，是一座大小淩駕於上野恩賜公園的都市公園。如此遼闊的綠色空間令人不禁好奇，這裡在代代木公園誕生以前究竟有什麼樣的故事或歷史？

德川家康當初進駐江戶的時候，這附近是一片武藏野的雜木林，景致十分荒涼。到了江戶後期，此地開始建起以井伊直弼為首的大名屋敷。

但是在明治維新之後，遭到拆除的大名屋敷變成民有地，人們在這裡種植茶葉和桑樹，形成一幅祥和的田園風景。

隨著明治時代步入尾聲，這一帶成為陸軍省的陸軍練兵場，步兵連隊在此進行訓練，演習時塵土飛揚的光景讓這裡充滿肅殺之氣，因而得稱「代代木之原」。直到第二次世界大戰結束為止，代代木之原都擔任著陸軍的重要基地。

然而日本戰敗後，代代木之原遭到美軍佔領，並在對方要求下成為駐留軍及其家屬的住宅用地。由於日本人被禁止進入，一般民眾根本不曉得裡面其實蓋滿了以當時日本的住家情況來說完全無法想像的近代化住宅，完整重現學校、教會、電影院和商店一應俱全的美國街道，人們因此稱之為「華盛頓高地」。

華盛頓高地在一九六一（昭和三十六）年全面歸還日本，並於一九六四（昭和三十九）年成為當年東京奧運的選手村，旁邊還興建了國立競技場以及國際放送中心（現為NHK放送中心），而如今設於選手村原址的便是代代木公園。

當年公園的設計圖是由政府透過公開徵選決定，並在一九六七（昭和四十二）年正式開園。雖然代代木公園現在作為年輕人文化的發源地廣受歡迎，但從江戶末期到今天為止的一百數十年間，這裡經歷的變化令人目不暇給。

東京的商店街為何能夠蓬勃發展？

商店街正在逐漸衰退？

所謂的商店街是指由複數商店組成的街道或是集中地區。日本經濟產業省經濟產業政策局把商店街定義為「三十家以上鄰近的零售店、餐飲店以及提供服務業之營業單位」。全國各地的商店街型態五花八門，從只有三十多家商店的袖珍型商店街到好幾百家店櫛比鱗次的大規模商店街應有盡有；根據中小企業廳的調查，日本全國一共有一萬四千六百五十五處商店街（截至二〇一六年十一月）。

在昭和三〇年代以前，不論多小的町都存在著商店街，並以這些商店街為核心逐漸發展。但情況在日本進入高度經濟成長期以後卻出現異狀；汽車的普及讓家家戶戶都擁有自己的車，因此從前仰賴鐵路或公車等交通工具的人，開始把來去自如的汽車當成代步工具。

與此同時，大型購物中心也開始進駐郊外。充滿時髦商店與新商品的大型商業設施，在魅力和吸引力上都遠遠勝過一成不變的在地商店街。比起停車不便的商店街，町內的居民變得更喜歡帶家人一起到購物中心享受自在逛街的樂趣。

於是造訪在地商店街的人越來越少，沒有客人的下場便是逐漸沒落，而不能吸引人潮的店面自然也沒有人願意進駐，最後變成一間間的空店鋪，整條路上只剩下緊閉的鐵捲門。如今全國各地的商店街一直在持續減少。

最不受汽車普及化影響的地方應該就是東京了。這裡擁有讓其他地區望塵莫及的完善鐵路，除了JR之外，私鐵和地下鐵的路線也如蜘蛛網般遍及各處，只要稍微走幾步路就可以抵達某個車站。因此，大部分的人都不太需要以汽車作為代步工具。

越多人使用鐵路，車站附近的商店街就越發達。在東京，有多少車站就有多少商店街，甚至數量還要更多，畢竟也有不少在一個車站周圍形成五、六個商店街的例子。

東京的商店街之所以能夠蓬勃發展，有部分原因是受到人口密集區內一地難求且地價高昂的限制，使得附設大型停車場的購物中心很難在市區生存。不過，另一個不能忽略的因素，便是東京根深柢固的散步文化。

東京都共有二千六百二十五個商店街，其中有一千九百九十五個位於二十三區，相較於日本全國是個很驚人的數字。當然東京的商店街也並非處處門庭若市，商店街的不景氣即便在東京也沒有例外。儘管比起其他地方，這裡的商店街減少率較低，人潮聚集的地方也比較多，但如果和十年前相比，光是在都內就有超過兩百處商店街失去蹤影。然而我們不能忘記依然有不少店家希望透過舉辦活動或發揮創意，讓商店街找回昔日風光與熱鬧人潮。只要店家願意多花一些心思激發想像力，商店街一定會有起死回生的機會。

日本首座「銀座商店街」在品川誕生

東京的「銀座」是繁華街的代名詞，全國各地有超過三百個商店街以銀座為名，如「旭川銀座商店街」、「千葉銀座商店街」或「堺銀座商店街」，這種命名方式無疑是希望能像東京的銀座一樣蓬勃發展。話雖如此，想藉銀座之名討個吉利的商店街未免也太多了，而且其中還有約三分之一就位在銀座的所在地東京。或是正是因為

圖－44　東京最長的商店街——戸越銀座商店街

鄰近銀座，這些商店街想盡可能像銀座一樣繁榮的心情才更加強烈。

品川區的戶越銀座商店街堪稱是銀座商店街的始祖，然而這裡並非無緣無故就向銀座借用名稱。或許可以說是因「紅磚結下的良緣」，由於戶越商店街曾接收來自銀座的紅磚，居民們便抱著感恩的心，在重新開幕的商店街名稱加上了「銀座」二字。

一九二三（大正十二）年，關東大地震導致戶越商店街災情慘重，由於這裡的地勢較低，一旦下雨道路便會積水形成泥濘狀態，不僅讓客人因此不願駐足而對商店街造成巨大打擊，就連居民的日常生活也受到影響。就在這時，他們得知同樣受到地震摧殘的銀座將在國家協助下進行修復，把原本鋪著紅磚的道路改為柏油路。

於是戶越商店街接收了銀座不要的紅磚，將

它們用來鋪路改善積水的情況，同時活用於其他的排水或下水道工程。

當時東京的道路多半沒有經過鋪設，一旦遇到下雨就會泥濘不堪，只有持續放晴天才會恢復乾燥。這時要是起風便會揚起沙塵，洗好的衣服也不能放心地曬在外面，就連夏天也不能開窗，待在房子裡可說是悶熱不已。

因為接收了來自銀座的紅磚，戶越商店街才能早一步恢復生氣。一切都是托銀座的福啊！這段緣分讓戶越在一九二七（昭和二）年成立商店協會時決定繼承「銀座」之名，將商店街重新命名為「戶越銀座商店街」。這座位於銀座附近的戶越銀座商店街正是全日本第一個冠上銀座之名的商店街，長達一．三公里的街道上大約有四百間店面，不僅是東京最長且至今依然充滿活力。

此外，東京有四個車站以「銀座」命名，它們分別是「銀座站」、「東銀座站」、「銀座一丁目站」以及身兼戶越銀座商店街入口的「戶越銀座站」。當中最先設站的地方不在銀座，而是戶越銀座。

東京Metro銀座線的銀座站成立於一九三四（昭和九）年，丸之內線的銀座站設於一九五七（昭和三十二）年，日比谷線的銀座站則是一九六四（昭和三十九）年；另一方面，東京Metro日比谷線與都營地下鐵的東銀座站為一九六三（昭和三十八）年設立，東京Metro有樂町線的銀座一丁目站為一九七四（昭和四十九）年，但東急池上線的戶越銀座站卻是所有車站裡面最早的一九二七（昭和二）年。

表－16　東京都內的銀座商店街

自治體名稱	銀座商店街的名稱
港區	魚籃銀座
新宿區	高田馬場銀座、目白銀座
文京區	根津銀座
台東區	谷中銀座
墨田區	向島橘銀座、吾嬬銀座
江東區	砂町銀座、住吉銀座、大島銀座、大島中央銀座
品川區	戸越銀座、武藏小山銀座、小山五丁目銀座、品川銀座、大井銀座、馬込銀座、山王銀座、三木通銀座、荏原銀座
目黑區	目黑銀座、中目黑站西銀座、自由之丘銀座
大田區	大森銀座、日出銀座、入三銀座、久原銀座
世田谷區	三軒茶屋銀座、奧澤銀座、上町銀座會、野澤銀座
澀谷區	惠比壽銀座、上原銀座
中野區	東中野銀座、家政銀座、FUJIMI 銀座
杉並區	荻窪銀座、西荻窪銀座、西荻窪北銀座、西荻東銀座、西荻北銀座、西荻南銀座、久我山銀座、高圓寺銀座、方南銀座、松木銀座
豐島區	池袋西口銀座、TOKIWA 銀座、大塚銀座、長崎銀座、駒込銀座、駒込東銀座、染井銀座、要町銀座
北區	十条銀座、十条富士見銀座、東十条銀座、瀧野川銀座、西原銀座、霜降銀座、神谷銀座、志茂銀座、田端銀座、王子銀座、上中銀座、上中里銀座、梶原銀座、梶原仲銀座、駒込東銀座、浮間銀座
荒川區	荒川銀座、町屋站前銀座、町屋銀座、尾久銀座、小台本銀座、小台橋通銀座、日暮里銀座、三之輪銀座
板橋區	赤塚銀座、大山銀座、上板南口銀座、常盤台銀座、志村銀座、蓮根銀座
練馬區	練馬銀座、仲町銀座、江古田銀座、旭丘銀座、東大泉仲町銀座
足立區	五反野站前通銀座、關原銀座、大師銀座、興野銀座、綾瀬中央銀座、東和銀座、東和中央銀座、梅田銀座
葛飾區	龜有銀座、青戸銀座、金町銀座、新小岩銀座
江戶川區	葛西銀座、松江銀座
八王子市	八王子站前銀座
立川市	立川銀座、立川榮町銀座
三鷹市	三鷹站前銀座、三鷹西銀座、三鷹南銀座
府中市	府中銀座
調布市	調布銀座
東村山市	久米川中央銀座
福生市	福生銀座、福生銀座中央、福生東銀座
江市	江銀座
清瀨市	清瀨銀座

＊以上名稱省略了「商店街」、「商店會」或「通」。

●東亞最長的拱廊商店街在東京

商店街最大的弱點應該就是容易受到天氣影響。下雨天客人減少，艷陽高照的話又可能因為日曬導致商品劣化，於是為了解決這些問題，「拱廊」便誕生了。拱廊據說源自可以在降雪地區看到的「雁木」，這是一種從日式建築的屋簷往道路延伸的遮蔽物，即使道路被積雪阻斷行人也能從雁木下方正常通行，過著不受影響的日常生活。而拱廊正可謂是雁木的進化版。

日本的第一座拱廊是一九二一（大正十）年在別府溫泉誕生的「竹瓦小路拱廊」，這座長七十公尺、寬三公尺的小拱廊至今尚存，被日本經濟產業省認定為「近代化產業遺產」。

大部分的拱廊都出現在日本的高度經濟成長期。當時，既現代化又時髦的拱廊大受好評，幾乎每個商店街都搶著裝設。東京也有許多拱廊商店街，但其分布卻是西多東少，在西日本的數量壓倒性地多。東京都大概有五十個商店街設有拱廊，大阪府則是東京的四倍左右，光是在大阪市的數量就超過一百五十個。

為什麼大阪會有這麼多拱廊商店街呢？有人說是因為大阪人喜歡新的事物，也有人說是因為住在商人之町的大阪人願意為了賺更多錢而不惜一切成本，還有人認為是與地下街的競爭白熱化加快了裝設拱廊的腳步。

拱廊是裝設在道路上方的屋頂，因此無法保證不會掉下來造成意外。為了預防事故發生，建設省（現國土交通省）在一九五五（昭和三十）年制定了拱廊的架設基準，規定如果要讓道路完全被拱廊覆蓋，道路的寬度必須在四公尺以上、八公尺以下。大阪市之所以有這麼多拱廊，也許是因為這裡有很多符合架設基準的狹窄商店街。

東京有一座商店街在完工之初以「東亞最長的商店街」引起討論，那就是與戶越銀座商店街相隔不遠的**「武藏小山商店街 PALM」**。武藏小山商業協會成立於一九四七（昭和二十二）年，加裝拱廊則是在一九五六（昭和三十一）年，時間正好對上日本的高度經濟成長期。這條全長八百公尺的街道上有二百五十家店舖比鄰而立，當時以「東亞最長的商店街」蔚為話題，甚至曾經有視察團前來考察訪問。武藏小山商店街 PALM 至今仍是東京代表性的商店街，不但時常受到媒體關注，眾多的人潮也讓這條街道充滿活力。

即使有些商店街看似生意興隆，我們也不能忽視拱廊正逐漸遭到拆除的現況。從裝設之初過了三十到五十年的現在，不少拱廊都已經腐朽，就連寒帶地區的拱廊商店街也曾經因為耐不住暴雪而發生崩塌事故。然而更換新拱廊是一筆龐大的開銷，雖然對生意好的商店街來說會是一次展現商店街個性與魅力的大好機會，但要是面臨衰退的商店街卻連籌措資金都很困難。在北海道，有一座又一座的拱廊正逐步走上被拆除的命運。

除此之外，空店舖較多的商店街即使在白天也鐵門深鎖，容易給人昏暗的印象，因此也曾經有過人們覺得應該讓商店街重見天日變得更有開放感而拆除拱廊的例子。不過以東京來說，商店街的拱廊遭到拆除的情況十分少見。

東京鮮為人知的意外事實①

明治時代還沒有明治神宮森林

從東京鐵塔或東京晴空塔的瞭望台俯瞰東京街景，便能在大樓林立的一角看到一塊廣大的綠蔭。這裡是位於山手線原宿站西側的**明治神宮森林**，面積約為七十三公頃，為上野公園的一・三倍以上，森林中央則鎮座著明治神宮。

規模較大的神社大多被森林環繞，伊勢神宮和日光東照宮的建築物周圍也都是林地，因為人們相信森林是神明降臨與寄宿的地方。走進草木繁茂的明治神宮參道幾乎讓人誤以為自己身處在充滿綠意的大自然裡，很難想像這裡竟然位在大都會東京的正中央。

然而明治神宮並不是建造在蓊鬱森林裡的神社。雖然有人以為這裡自古以來就是森林地帶，只有明治神宮附近在開發過程中逃過一劫，但實際上這裡在明治時代幾乎連一棵樹都沒有。明治神宮森林並不是天然林，而是人為打造的人工林。

神宮森林在江戶時代是彥根藩井伊家下屋敷的所在地，隨著幕府崩壞而遭政府沒收成為御料地[1]（南豐島御料地）。這裡本是草原、田野以及蘆葦叢生的沼澤，直到進入大正時代之後才重獲新生。

一九一二（明治四十五）年，明治天皇駕崩後被安葬在京都的伏見桃山御陵，但仰慕他的民眾卻不斷向政府請願建造祭祀天皇的神社。接著在兩年後的一九一四（大正三）年，皇后昭憲皇太后的駕崩為建造神社提供了絕佳的時機，政府於是組織了神社奉祀調查會，於翌年正式決定建

1　直接隸屬皇室的領地。

圖－45　明治神宮彥根藩下屋敷（出自《外櫻田永田町繪圖》）

造祭祀明治天皇與昭憲皇太后的神社。

起初從全國各地選出了好幾個候補建地，但最終還是決定把神社蓋在與明治天皇夫婦淵源深厚的現址。

既然要建造神社，就不能沒有守護神社的森林。全國的明治天皇崇拜者捐贈了多達十萬棵以上的樹木，自願貢獻勞力的人也從各地集結。總而言之，在歷經五年的工程後，明治神宮於一九二〇（大正九）年宣告完工。

雖然時任總理大臣的大隈重信主張神宮周圍應該像日光和伊勢一樣種植莊嚴的杉木林，但最終還是尊重專家們認為只有闊葉林才適合生長在武藏野台地的意見，於東京正中央打造了一座宛若天然林一般蒼鬱的巨大森林。明治神宮作為日本最多人參加新年參拜的神社而遠近馳名，並將在二〇二〇年迎來鎮座一百年的祭典。

上野的西鄉隆盛像本來預定設置在皇居前面

從上野公園的南側入口走上階梯，可以看到廣場上矗立著一座西鄉隆盛銅像，作為上野公園的象徵與東京的觀光名勝之一而為人所知。可是為什麼西鄉隆盛的銅像會被立在這裡呢？這背後自然是有原因的。著名的西鄉隆盛與大久保利通和木戶孝允並稱「維新三傑」，他在戊辰戰爭以政府軍參謀的身分與勝海舟進行會談，實現了江戶城無血開城的局面。

此舉讓江戶免受戰火波及，保障了當地將近百萬居民的生命財產安全，西鄉因此被視為維新功臣獲得了高度評價；然而他在一八七三（明治六）年一場有關征韓論的政變中落敗後辭官返鄉，並於一八七七（明治十）年帶領鹿兒島士族（舊武士階級）發起反政府的西南戰爭，迎來人生的悲壯結局。維新的英雄從此也被貼上了反叛者的標籤。

因為不忍心讓深受明治天皇信賴的西鄉隆盛以反叛者的身分留名千古，一八八九（明治二十二）年，政府為洗清其污名追敘正三位，並打造一座銅像以彰顯他在明治維新的功績。這就是上野公園的西鄉隆盛像的由來。

政府原先打算把銅像蓋在皇居前廣場的楠木正成像附近，然而反叛者的污名雖然可以化解，卻無法完全抹去。由於有許多人反對把銅像設立在皇居前廣場，所以才把地點改成了上野山。

至於選擇上野山的理由，是因為這裡曾經是彰義隊等舊幕府軍與由薩摩、長州率領的新政府軍展開激戰的上野戰爭的舞台，且最終在薩摩藩士兵的奮戰之下大敗彰義隊。對西鄉隆盛來說，上野山是個難以忘懷的紀念之地。

銅像完成於西鄉隆盛去世二十一年後的一八

九八（明治三十一）年，盛大的揭幕式上還有時任總理大臣的山縣有朋以及勝海舟等八百位官員列隊參加。這座三百七十公分高的銅像出自雕刻家高村光雲之手（高村光太郎之父），據說之所以沒有做成穿著軍服，而是以和服帶著愛犬上山打獵的姿態，是因為想表現出西鄉隆盛廣受眾人愛戴景仰的緣故。

在鹿兒島市以及鹿兒島縣霧島市也能找到西鄉隆盛的銅像。鹿兒島市的銅像建於一九三七（昭和十二）年，其站姿筆挺、身穿軍服，高度為八公尺，是上野銅像的兩倍以上。

而另外一座在霧島市的銅像則位於鹿兒島機場附近的霧島公園。為了紀念西鄉隆盛逝世一百周年而建造的這座銅像高達十．五公尺，是三座西鄉隆盛像當中最巨大的一座。

晴海原本有可能成為政府機關所在地

在一八八九（明治二十二）年四月一日實施市制及町村制以後過了一個月，由十五個區組成的東京市於五月一日誕生。當時的市役所設立於麴町區有樂町，也就是現在千代田區丸之內三丁目的東京國際論壇大樓所在地。

一八九四（明治二十七）年，文藝復興風格的東京市（或者應該說東京府）廳舍在此建成。這棟兩層樓的紅磚建築並非獨立的東京市廳舍，而是東京府廳與東京市役所共用的共同廳舍。

不過，考量到東京市未來的發展，市役所遲早會面臨空間不足的問題。為了預防這種情況，有人提出應該興建新的廳舍，市役所的遷移計畫於是逐漸成形。

在一九三三（昭和八）年的東京市議會上，贊成與反對市役所遷移的兩派因為意見相左爆發衝突，但最後由贊成派勝出，通過了將市役所搬到月島的遷移計畫。遷移的預定地即現在的晴海（月島第四號海埔新生地），在當時是兩年前才剛完成的人造陸地，除了面積廣大，將來的發展也值得期待。

雖然這塊土地如今已經變成辦公大樓、住宅大廈與商業設施林立的繁華地帶「晴海 Island Triton Square」，卻曾是政府選定的市廳舍遷移預定地。

政府為新的市廳舍舉辦了建築設計比賽，不僅收到大量的投稿作品，甚至選出了得獎佳作，然而市廳舍遷移計畫最後卻成了一場空。

把市廳舍搬到遠離都心的月島意味著造成市民的不便，對東京市來說顯然弊大於利。由於月島的地理條件實在差強人意，主張把市廳舍蓋在都心的反對派勢力逐漸高漲，其中有很多人是居住在山手地區的富裕階級。反對派的激烈抵抗讓市議會陷入混亂，為了平息局面只好逼不得已取消遷往月島的計畫。

一九四三（昭和十八）年七月，就在第二次世界大戰如火如荼進行的時期，東京市與東京府合併為東京都，文藝復興風格的共同廳舍成為東京都廳，但建築本身卻在戰爭期間毀壞。雖然戰後政府在同一地點蓋了新的廳舍，廳舍的空間卻隨著東京巨大化而不敷使用，使得都廳遷移計畫再次浮上檯面。

於是在一九九一（平成三）年，原本位於丸之內的東京都廳搬到了新宿的摩天大樓地帶。如果昭和初期的市廳舍月島遷移計畫有實現的話，都廳或許就不會遷往新宿，晴海也很有可能成為政府機關林立的地區。

東京鮮為人知的意外事實②

●東京都心原本計劃要蓋八條一百公尺寬的道路

巨大都市東京的道路四通八達，但是複雜的結構實在讓人難以理解，怎麼看都不像是有計劃性地架設的道路網。其實從明治時代開始，東京就曾數度提出寬敞幹線道路網的建設計畫，然而每次都因為戰爭或財政困難等各種理由重新評估，最後無疾而終。

其中規模最大的，便是「戰災復興幹線道路計畫」。

因為第二次世界大戰化作焦土的東京在這場空前絕後的災難當中，受災面積為一百六十平方公里，受災戶高達七十萬戶，受災人數總計三百萬人，死亡人數則超過十萬人以上。戰敗之後，政府立刻成立戰災復興院並提出復興計畫。

東京的嚴重災情出自美軍慘無人道的無差別空襲，不過密集的木造房屋也是其中一個主因。除此之外，由於東京幾乎沒有可以讓災民避難的公園，道路錯綜複雜又非常狹窄，蔓延的火勢才會因此一發不可收拾。

在江戶時代，一六五七（明曆三）年的「明曆大火」幾乎燒毀整個江戶市街，一九二三（大正十二）年的關東大地震也險些讓東京的中心地帶付之一炬，這一切也都是因為狹窄的道路沒辦法阻止火勢延燒所引發的悲劇。

因此，為了盡快實現帝都復興，道路建設成為東京最重要的課題。政府經過多次討論並預測未來交通量的增加幅度，最後提出打造寬四十公尺以上縱橫穿越市區的幹線道路，也就是八條寬一百公尺道路的宏偉計畫。

名古屋市有兩條一百公尺寬的道路，分別以東西向和南北向貫穿市中心，但是東京的道路計畫遠超過名古屋市的規模，如果這個計畫實現的話，東京都心應該會和現在截然不同。

幹線道路計畫雖然在都議會上拍板定案，建設工程本身卻沒有任何進展；雖然資金和資材不足也是原因之一，但是麥克阿瑟主宰的司令部以東京的戰災復興計畫根本是以戰勝國自居而表示反對，要求日本政府縮小計畫規模。換言之，多半就是認為「戰敗國就該專注於復興」吧。

遭到GHQ佔領的日本無法提出任何反駁。他們不得不重新檢討復興計畫，被迫大幅縮減幹線道路的路寬，不僅寬一百公尺的幹線道路化為泡影，道路面積也因此比當初的計畫減少了百分之三十。

目前人口及資源朝東京過於集中的情況日漸加劇，道路沿途充斥著高樓大廈，如今要在這裡興建一百公尺寬的道路簡直難如登天，暗示著這個計畫不太可能再次浮上檯面。

用垃圾蓋成的島為什麼叫作「夢之島」？

說起「夢之島」總是留給人垃圾島的印象，因為這座島是用東京都民所製造的垃圾建成的。

在日本的高度經濟成長期，傾卸式卡車會載著堆積如山的垃圾頻繁進出江東區的東京灣沿岸，其目的地正是「夢之島」。對於「夢之島」這個名字與現實的「垃圾處理場」之間的落差感到困惑的人想必不在少數，令人不禁好奇為什麼要把這座用垃圾堆成的島取名為「夢之島」。

其實「夢之島」並非從一開始就被規劃成垃圾處理場，當初根本沒有想過要把垃圾運到這個地方。

昭和初期，隨著與大陸地區的貿易活動越發興盛，日本變得需要能夠停靠大型船隻的港口設施。為此提出的便是浩大的東京港修築計畫，打算利用浚渫工程產生的砂土填海造陸，打造一座堪稱世界上規模最大的機場。

雖然機場從一九三九（昭和十四）年開始施工，戰況惡化與財政困窘卻導致工程被迫終止。戰敗之後，日本遭到GHQ佔領，加上GHQ採取擴建羽田機場的方針，新機場的建設計畫於是不了了之。

結果取代機場出現的便是海水浴場的建設計畫。一九四七（昭和二十二）年，在當時還叫作「南砂町地先」的「夢之島」上，誕生了有如夏威夷一般夢幻的海上渡假村——「夢之島海水浴場」。

然而，颱風帶來的災害與財政問題致使海水浴場經營不善，距離開幕才過了短短三年就被迫關閉，只留下「夢之島」這個名稱。

夢之島就這樣被擱置了好長一段時間任其荒廢，直到一九五七（昭和三十二）年由於江東區

表－17 「戰災復興計畫」提出的八條100公尺寬的道路

起點	終點
麴町區麴町二丁目	四谷區四谷二丁目
牛込區市谷本村町	中野區本町一丁目
京橋區寶町一丁目	下谷區三之輪町
下谷區御徒町一丁目	淺草區藏前一丁目
京橋區寶町一丁目	芝區田町四丁目
深川區東陽町三丁目	本所區向島押上町
京橋區槙町一丁目	京橋區八丁堀一丁目
芝區新橋四丁目	下谷區御徒町一丁目

※麴町區現為千代田區、京橋區現為中央區、芝區現為港區、四谷區及牛込區現為新宿區、淺草區及下谷區現為台東區、深川區現為江東區、本所區現為墨田區。

潮見的垃圾處理場幾近飽和，政府才決定把夢之島當成垃圾處理場使用。

在那之後，每天都會有好幾百輛的垃圾車接連駛向「夢之島」。雖然沿線的居民深受卡車的廢氣與惡臭所苦，在一開始卻沒有引發任何嚴重問題，東京都民製造的垃圾就這樣通通被運往「夢之島」。

但是到了一九六五（昭和四十）年，江東區南部發生蒼蠅大量滋生的事件，作為一大社會問題開始受到外界關注。

面對全東京的垃圾都被運到江東區讓當地居民忍無可忍，媒體幾乎每天都在報導垃圾問題；都知事美濃部亮吉也宣布東京正在進行「垃圾戰爭」，地方政府於是開始商討因應對策。經過一番波折之後，規定各區的垃圾必須自行處理，這才讓垃圾戰爭宣告落幕。

「夢之島」如今光鮮亮麗的外表完全讓人感受不到這般不堪的過去，而是化身名副其實的「夢幻島嶼」，公園與運動設施一應俱全且充滿綠意。

8 很少有人知道的東京文化

小松菜與染井吉野櫻由來自東京地名

事到如今應該不用說也知道，東京都的耕地面積是日本全國最小，農作物的生產量當然也是全國最低，糧食自給率只有百分之一（以熱量為基準）；相較之下日本的糧食自給率為百分之三十九（二〇一五年），也就是說東京只佔了其中的三十九分之一。

如果從不同都道府縣的情況來看，日本也不乏糧食自給率超過百分之百的自治體，例如高達百分之二〇八的北海道、百分之一九〇的秋田縣以及百分之一四一的山形縣等，足以見得東京都相當依賴他縣生產的糧作。

即便如此，東京也曾經有一種產量位居全國第一的農作物——小松菜。

小松菜是十字花科的一～二年生蔬菜，通常在新年的年糕湯裡一定會出現這個大家熟悉的食材。耐寒又生長快速的小松菜每年可以收成四到八次，很適合在土地有限的大都市近郊耕種，因此自古以來便在東京郊外進行栽培。

雖然大阪、名古屋及福岡等大都市近郊如今也盛產小松菜，不過昔日卻是以關東地區為主要產地。但隨著東京近郊的快速都市化導致小松菜的產量減少，儘管現在東京的產量仍維持在繼埼玉、茨城、福岡之後的第四名，直到一九九〇年代之前這裡的生產量曾經高居全國之冠。

小松菜是一種中國原生的油菜，在江戶初期傳入日本，栽培地區則以關東為中心。小松菜其實就是油菜的改良品種，古時候的人稱之為「葛西菜」。

相傳在一七一九（享保四）年，第八代將軍德川吉宗前往江戶近郊的小松村進行老鷹狩獵時，當時村人獻上加了青菜的年糕清湯讓他非常中意，因此便將這種青菜取名為「小松菜」。

位於江戶川區役所北側的香取神社境內，有一座刻著「小松菜產土神」的石碑。小松菜的「小松」其實是取自東京的地名，現在仍留存於「小松川」、「東小松川」與「西小松川」等地名之中。

另外還有一種出自東京地名的植物。

染井吉野櫻常見於日本各地，其數量之多幾乎可以代表日本所有的櫻花品種，因此也被當成櫻花開花的預測指標，而實際上「染井吉野櫻」這個名稱也與東京地名有所淵源。

江戶末期，染井村有好幾間植木園藝店，一時非常流行栽培樹木。染井村的位置相當於現今豐島區駒込，也就是ＪＲ山手線巢鴨站北側的染井靈園一帶。

染井吉野櫻是由染井村的植木工匠用江戶彼岸櫻和大島櫻配種而生的品種，並以產地為其命名。雖然知道「染井」二字來自村名，那麼「吉野」又是哪裡的地名呢？

其實這種櫻花一開始並不叫染井吉野櫻，而是參考歷史悠久的著名賞櫻景點吉野山（奈良），以「吉野櫻」之名打響知名度。

但是後來的研究發現，染井吉野櫻並非日本山櫻，為了避免與吉野山的日本山櫻產生混淆，人們便為其冠上村名，取名為「染井吉野」。

雖然小松菜和染井吉野櫻乍看之下都不像是與地名有關，然而這兩種植物的名稱確實都取自東京的真實地名。

「丹前」指的是「丹後守的屋敷前」

「丹前」是一種在沐浴後穿著的鋪棉寬袖和服，一般主要被當成披在浴衣外面的防寒用家居服。不過，「丹前」這個稱呼是從哪裡來的呢？

丹前或許可以說是來自丹後。京都府北部的舊國名叫作「丹後」，然而與其相對的舊國名不是丹前，而是「丹波」。歷史上並沒有名為「丹前」的舊國名，由此可知在洗完澡之後穿的和服「丹前」並非源自於此。

江戶初期，神田有一條由稱為湯女的女性負責服務客人沐浴的風呂屋（澡堂）街，地點就位在堀丹後守的屋敷前面，因此也稱作「丹後殿前的湯女風呂」，並在不知不覺間被簡稱為**「丹前風呂」**。

丹前風呂最受歡迎的湯女勝山從前是一位吉原遊女，許多客人都為了想要一親芳澤而將丹前風呂擠得水洩不通。

據說勝山偏好穿著風雅華麗的和服，於是出入丹前風呂的時髦男性們便開始模仿她的穿衣風格，只為盡可能地吸引意中人的目光。

這些人後來開始在穿著打扮上互相較勁，在風呂屋街帶起一股獨特的風氣。從這時開始，男子們穿著的和服被人們稱為「丹前風」或「丹前姿」，最後還從江戶流傳到都城，在京都和大阪掀起一陣流行。

京都一帶將這種和服稱為「丹前」，江戶人則不知為何通常以「褞袍」稱之。據說在溫泉旅館等地大受歡迎的丹前，正是以遊女勝山的和服作為原型。

意外不為人知的淺草歷史

比平城京更古老的淺草寺

大家經常以為東京的歷史比奈良或京都還短，但事實並非如此。雖然東京的確是從德川家康進駐江戶以後才開始發展，作為東京的庶民鬧區而聞名的淺草卻擁有非常悠久的歷史。

日本歷史上平城京建於西元七一〇（和銅三）年，七九四（延曆十三）年遷都平安京，然而淺草的起源卻比這些時間都來得更早。儘管位在濕地遍布的東京灣沿岸，地勢略高的淺草不但鮮少受到洪水侵襲，還能捕撈到豐富的漁獲，因此從很久以前就有人在此定居。除此之外，在隅田川河口附近的「淺草港」也是從早期便開始有交易活動。

根據《淺草寺緣起》的記載，西元六二八（推古天皇三十六）年，身為漁夫的檜前濱成與檜前竹成兩兄弟在宮戶川（隅田川下游的舊稱）捕魚的時候，從網子裡發現了一尊一寸八分（約五．五公分）的黃金聖觀音。他們將佛像帶回家，供奉於與鄉司（當地官員）土師真中知一同建造的小祠堂內，據說這就是以「淺草觀音」之名為人熟知的淺草寺起源。

勝海上人在六四五（大化元）年建立觀音堂後，淺草寺便成為觀音信仰的中心，使得原本只是一介荒村的淺草成為淺草寺的門前町逐漸繁榮。淺草寺在江戶時代被指定為幕府的祈願所，寺廟周圍聚集了許多店家和演劇小屋，再加上背後鄰近吉原遊郭，淺草於是化身江戶首屈一指的繁華地帶。

一八七三（明治六）年，淺草寺的寺地被指

定為淺草公園，並分成六個區塊，分別是第一區的淺草寺觀音堂、第二區的仲見世[2]、第三區的傳法院、第四區的木馬館、第五區的花屋敷以及第六區的娛樂街。到了一八九〇（明治二十三）年，十二層樓高的商業設施「凌雲閣」竣工，在當時以日本最高的建築物受到各界矚目。

大正至昭和年間，這裡開始上演淺草歌劇以及輕戲劇，第六區的娛樂街盛況空前，為東京最大的繁華街淺草奠定了無可撼動的地位。

然而，一九二三（大正十二）年的關東大地震讓淺草化作廢墟，同時也震垮了象徵性的建築物凌雲閣；第二次世界大戰雖然同樣對淺草造成巨大打擊，卻在戰後迅速復興，娛樂街上建起一間間的電影院和劇場，景象熱鬧非凡。

銀座等地的成長終究讓淺草身為繁華街的地位開始下滑，進入一九五〇年代以後，電視的普及造成第六區的電影街逐漸沒落，人潮開始往新宿、澀谷與池袋移動，昔日作為東京第一的繁華街紅極一時的淺草也因為無法搭上時代的潮流而喪失活力。

不過，淺草近年以充滿下町氛圍的人潮聚集地重新受到矚目，更成為外國人所嚮往的能夠接觸日本文化的觀光勝地，街道似乎找回了昔日的活力。而二〇一二（平成二十四）年在隅田川對岸開幕的日本最高的電波塔「東京晴空塔」也依然持續為淺草帶來源源不絕的觀光人潮。

● 東京唯一一個「坂東三十三所」的札所在哪裡？

以武藏國為首的相模、上總、下總、安房、常陸、上野、下野等關東八國合稱「坂東」，意思是位於足柄山與箱根的「坂（斜坡）之東」。

分散在坂東的三十三個觀音靈場則稱為「坂東三十三所」，是模仿近畿一帶的「西國三十三所」於鎌倉時代指定，當中包含的三十三個札所[3]全都分布在關東的七個都縣。

第一號札所是位於鎌倉市的杉本寺，到第八號之前的札所都落在神奈川縣，接著越過東京來到埼玉縣，返回神奈川縣之後再一口氣跳到群馬，然後經過栃木、茨城、千葉，在房總半島南端的館山市抵達第三十三號札所那古寺。

觀音靈場之所以有三十三所（處），是因為觀音信仰相信觀音菩薩會化成三十三種姿態拯救世人免於苦難（圖—46）。

若是說起在三十三所當中有幾所位在東京，答案是只有一所，且正是以「淺草觀音」廣為人知的淺草寺，為坂東三十三所的第十三號札所。

東京之所以只有一個札所，多半是因為淺草寺的信徒分布非常廣泛。淺草寺是聖觀音宗的總本山，也是東京最古老的寺廟，同時還是「江戶三十三所觀音靈場」的第一號札所。

回顧歷史，從勝海上人在西元六四五（大化元）年將本尊的聖觀音像奉為秘佛並建造觀音堂以來，他便成為淺草寺的開山祖師。淺草寺在平安初期由圓仁（慈覺大師）復興，接著在平安後期成為擁有七堂伽藍[4]的大型寺廟。

淺草寺後來受到源賴朝及足利尊氏的保護，並在江戶時期被指定為德川幕府的祈願所，獲得寺領五百石。寺廟樓閣歷經無數次的火災與修復工程，在德川將軍家的庇護之下，成為江戶文化的象徵。

除了二天門、傳法院等部分建築，包含觀音堂（本堂）及五重塔等多數建築物都在第二次世界大戰燒毀，重建時間分別是觀音堂的一九五八

圖－46　坂東三十三所札所

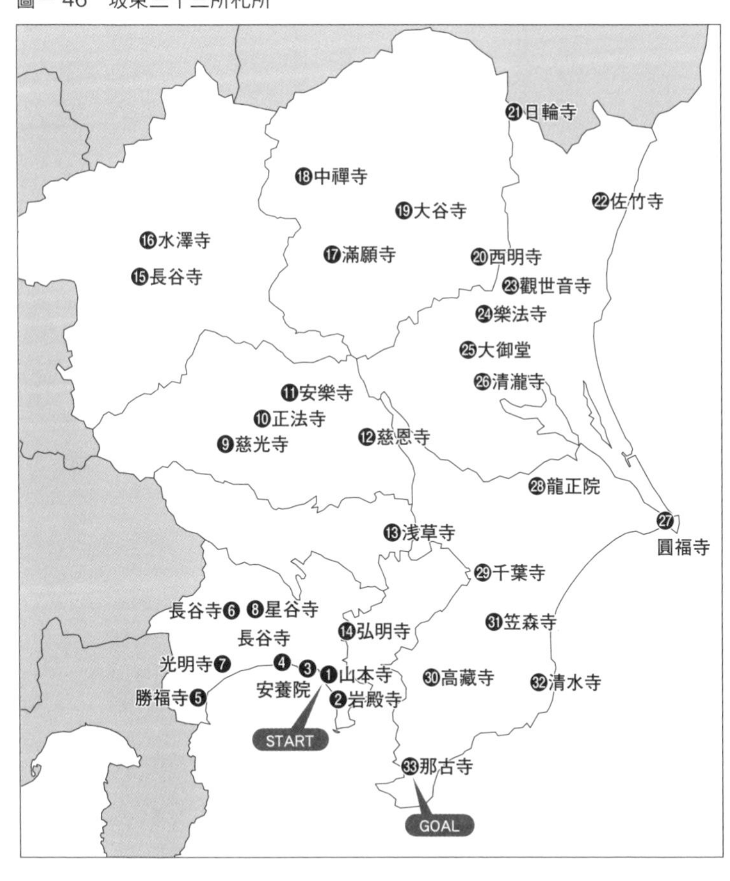

（昭和三十三）年、雷門的一九六〇（昭和三十五）年、寶藏門的一九六四（昭和三十九）年以及五重塔的一九七三（昭和四十八）年。

逃過一劫的二天門建成於一六一八（元和四）年，也是淺草寺唯一一座被指定為國家重要文化財的建築物。

淺草寺境內會在不同季節舉辦如「鬼燈市」或「羽子板市」等各項活動，每年前來參拜的香客高達三千萬人。這裡如今已是東京首屈一指的觀光景點，無論何時都可以看到遊客站在雷門的大燈籠下拍照留念。

江戶三大祭之一的三社祭名稱由來

大部分來到淺草的觀光客，都會在穿過雷門之後先稍微逛一下仲見世通，再到本堂參拜觀音像，接著再走回仲見世買點紀念品就直接回家。不過，千萬別忘了往觀音堂東北邊走幾步路的地方還有一座淺草神社。

雖然淺草觀音（淺草寺）的響亮名聲導致淺草神社被搶盡風頭而存在感低落，但是以文化遺產的角度來看，淺草神社的價值其實更甚於淺草寺。

之所以這麼說，是因為淺草神社在關東大地震及第二次世界大戰等災難中倖免於難，因此第三代將軍德川家光在一六四九（慶安二）年捐贈的本殿、幣殿和拜殿都依然保留了當時的模樣。這些建築被國家指定為重要文化財，其歷史價值與戰後重建的淺草寺觀音堂和雷門有著天壤之別。

正如前面所述，淺草寺的起源是因為捕魚的檜前兄弟帶回了卡在漁網上的佛像，並在與鄉司討論過後為佛像建造了一座小祠堂。據說鄉司過世後，觀音菩薩託夢給他的嫡子，要他把檜前兄弟和鄉司三人尊為神明祭拜，這便是淺草神社的起源。

淺草神社又名「三社權現」或「三社大人」，裡面還供奉著東照宮（德川家康）以及大國主命。

明治維新時期頒布的神佛分離令使得這裡作為三社明神社從淺草寺獨立出來，並於一八七三

圖－47　淺草周邊

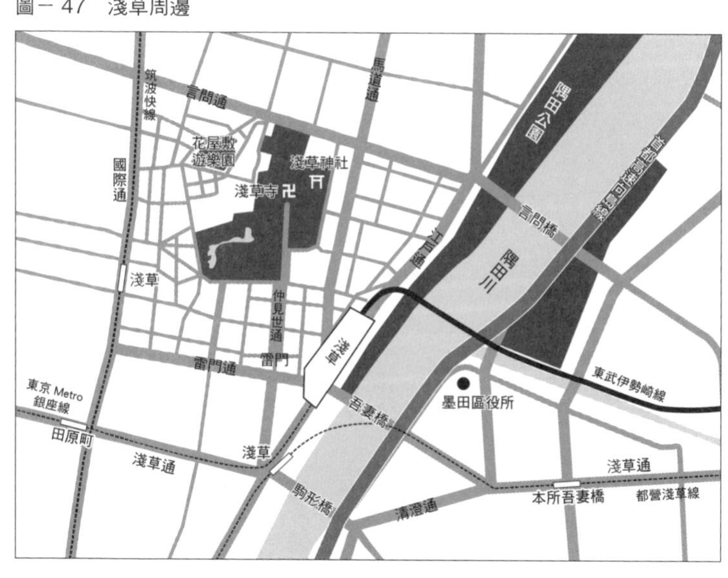

（明治六）年改名為淺草神社。以走廊連接幣殿和拜殿的權現造建築，與日光東照宮多少有幾分相似。

雖然比起人聲鼎沸的淺草寺，淺草神社顯得格外清幽，不過江戶三大祭之一的三社祭其實正是淺草神社著名的例行祭典。供奉三位祭神的淺草神社又被稱作「三社明神社」或「三社權現」，因此才有了「三社祭」這個名稱。

說起「三社」（SANSHA）一般是指伊勢神宮、石清水八幡宮及加茂神社（或春日神社）這三座神社，然而三社祭的「三社」不唸「SANSHA」，而是「SANJA」。由於名稱與檜前兄弟和土師真中知三人有淵源，或許比起「三社」，寫成「三者」還更為貼切。

無論如何，受到德川幕府崇敬的淺草神社吸引了不少信徒，按例在每年五月盛大登場的三社祭則據說起源自鎌倉時代舉行的船祭。

除了壯觀的神輿之外，被指定為無形文化財的「編木舞」（びんざさら舞）表演也是祭典的可看之處，這種祭祀儀式最早可追溯到一三一二（正和元）年。

由於祭典是在東京的著名觀光勝地淺草舉行，除了喜歡祭典的下町居民，還有許多觀光客遠道而來，三天下來的參觀人次可達一百五十萬人，且最近增加了不少外國遊客的身影。

2 位於神社或寺廟境內的商店街。

3 信徒在進行寺廟（靈場）巡禮時，會在各個寺廟供奉寫有個人資料的符紙，或是求取寺廟販售的御守或護符，以祈求神明保佑。符紙和護符的日文為「お札」，因此這些寺廟又被稱為「札所」。

4 唐宋佛教寺院的制式建築，「七堂」包含山門、佛殿、法堂、方丈、齋房、浴室和東司（廁所）。

第 5 章

了解急速變化的東京現況

永無止盡的高樓建設熱潮

國會議事堂曾經是日本第一高樓

日本的《消防法》把高度超過三十一公尺的建築物定義為高樓（高層建築物），根據這條法規，一八八八（明治二十一）年出現在大阪府西成村（現今大阪市浪速區）的地上五層、高三十一公尺的眺望閣據說便是日本的第一座高樓。雖然也有像東寺五重塔（五十四・八公尺）或興福寺五重塔（五〇・一公尺）等更加高大的木造建築物，以近代化建築來說眺望閣的高度在當時是日本第一。一年後這項頭銜很快地讓給了建於北野村（現今大阪市北區）高三十九公尺、有九層樓高的凌雲閣，人們便以「北九階，南五階」來稱呼這兩棟高樓。

但是在翌年的一八九〇（明治二十三）年，東京市淺草區（現台東區）誕生了比北凌雲閣更高的凌雲閣，這棟十二層樓的建築物有五十二公尺高（加上地基為六十六公尺），一舉成為日本第一。在那個幾乎沒有高樓的年代，直入雲霄的凌雲閣肯定讓人們驚訝得目瞪口呆。凌雲閣隨即成為東京的著名觀光景點，在當時還吸引了大批外地遊客，盛況空前。然而，一九二三（大正十二）年的關東大地震導致凌雲閣應聲倒塌，造成許多人員傷亡。或許是受此影響，自地震發生以後這裡有好一段時間都沒有興建更高的高樓。

出乎意料的是，在戰前興建的最高建築物竟然是國會議事堂。第一代國會議事堂原本在一八九〇（明治二十三）年於內幸町落成，但因為翌年的火災而重建於現今所在的永田町。雖然早在一九二〇（大正九）年便已動工，期間卻受到關東大地震等因素影響使得工程不斷延期，一直到十六年後的一九三六（昭和十一）年才終於完工。國會議事堂的建築物反映了兩院制，以中央的方形高塔為中心形成左右對稱，面對正門的左手邊為眾議院，右手邊為參議院。雖然地上三層、高二十・九公尺的構造並不算特別高大，但是中央塔頂的部分為地上九層、高六十五・四公尺，在當時位居日本第一。國會議事堂現在因為被周圍的高樓遮蔽而不再顯眼，不過在完工之初，想必是處於「鶴立雞群」的狀態。

日本的第一座摩天大樓有多高？

成群的摩天大樓讓東京形同一座水泥叢林，但日本又是從何時開始興建摩天大樓的？又要多高才能算是摩天大樓呢？日本的《建築基準法》雖然將摩天大樓定義為「高度超過六十公尺的建築物」，不過實際一般高度都會超過一百公尺。

日本於一九五〇（昭和二十五）年制定的《建築基準法》將大樓的高度限制在三十一公尺。從凌雲閣的倒塌便能看出，日本是個地震頻繁的國家，之所以做出這般限制想必也是因為人們打從心裡覺得高樓頗具風險；然而也有人認為這是出於消防工作的活動範圍正好是一百尺（約三十一公尺）左右，或者說是因為有「一丁倫敦」之稱的丸之內商業區的建築高度都剛好統一在三十一公尺。

不過，近年的建築技術快速進步，日本的經濟發展也有顯著成長。當一九五九（昭和三十四）年的國際奧林匹克委員會決定在東京舉辦奧運之後，日本當局便預測需求將會大幅提升，都心的高樓化勢在必行。於是在一九六二（昭和三十七）年修訂的《建築基準法》取消了建築物的建高度限制，讓摩天大樓的興建化為可能。

取消高度限制後出現的第一座高樓誕生於東京奧運開幕兩個月前的一九六四（昭和三十九）年八月，即地上十七層、高七十三公尺的**新大谷飯店**（千代田區紀尾井町），成為睽違二十八年超越國會議事堂的日本第一高。雖然這棟建築符合《建築基準法》對摩天大樓的定義，但一般民眾似乎並不會這麼稱呼。

至於獲得眾人一致認同的第一座摩天大樓則是在政府機構林立的千代田區霞關出現的**霞關大樓**，地上三十六層、高一百四十七公尺的構造是前日本第一的新大谷飯店的兩倍以上。其規模與過去有如天壤之別，令所有看到的人都嚇破了膽。不僅新聞媒體爭相報導，許多想一睹這座龐然大物的遊客從各地慕名而來，一棟單純的辦公大樓竟一時成為東京最新的觀光勝地，就跟作為新景點誕生的東京晴空塔完工的時候一樣引人注目。這棟霞關大樓正是日本的第一座摩天大樓，也是全國第一棟超過一百公尺的建築物。

●東京有五百棟以上的摩天大樓

無論是任何領域的「日本第一」，總有一天都會面臨被超越的命運。話雖如此，霞關大樓稱霸的時間實在太過短暫了。一九七〇（昭和四十五）年三月，JR山手線的濱松町站前興建了地上四十層、高一百五十二公尺的**世界貿易中心大樓**，比霞關大樓又高出五公尺，導致霞關大樓才過了短短兩年就被迫讓出日本第一的稱號。

然而，世界貿易中心大樓稱霸日本第一的時間卻比霞關大樓更短。到了隔年的一九七一年六月，地上四十七層、高一百七十九公尺的**京王廣場大飯店**在西新宿淀橋淨水廠的原址落成，堪稱是後來新宿副都心摩天大樓群的先驅，也是日本第一座摩天飯店。

一九七四（昭和四十九）年三月，日本首座超過兩百公尺的摩天大樓同樣現身於新宿副都心，即地上五十二層、高二百一十公尺的**新宿住友大樓**。不過好景不常，半年後的九月隔壁建起了地上五十五層、高二百二十五公尺的**新宿三井大樓**，日本第一的寶座在轉眼之間拱手讓人。

一九七八（昭和五十三）年四月，原巢鴨監獄遺址上出現了地上六十層、高二百四十公尺的**太陽城60**，這是日本第一高的摩天大樓首次脫離新宿摩天大樓群，進軍池袋副都心。過去往往每隔兩、三年就會輪替一次的日本第一高的寶座，太陽城60卻穩坐這個稱號長達十年以上。

儘管如此，也不可能永遠都是「日本第一」。一九九〇（平成二）年十二月，新宿副都心再次出現凌駕於太陽城60之上的摩天大樓——**東京都廳第一本廳舍**，這座地上四十八層，高二百四十三公尺的建築與太陽城60只有三公尺之差，卻是睽違十二年來首次刷新了紀錄。

舊都廳建築的老化以及東京巨大化造成的空間不足是都廳第一本廳舍從丸之內遷到新宿的主因，但丸之內的舊廳舍位於千代田區，都廳第一本廳舍則是在新宿區。由於二十三區屬於特別行政區，千代田區與新宿區是兩個獨立的自治體，因此東京都廳等於是跨越了自治體進行搬遷，就好比神奈川縣廳從橫濱市搬到川崎市是同樣道理。這是自昭和年代以來，第一次有都道府縣廳進行跨行政區域的遷移。

然而東京都廳才剛當上日本第一沒多久，就在三年後以極大的差距被擠下寶座。自從霞關大樓誕生以來，日本最高的摩天大樓從來不曾出現在東京以外的地區，但這次卻首次離開東京，出現在橫濱市內。一九九三（平成五）年七月，根據水岸都市再開發計畫促成了「橫濱港未來21」的誕生，而這裡的中心設施橫濱地標塔以壓倒性的地上七十層、高二百九十六公尺的高度，成為日本最高的摩天大樓。

都廳第一本廳舍雖然被橫濱地標塔搶走了日本第一的寶座，不過直到二〇〇七（平成十九）年六本木中城大廈完工為止，仍有長達十七年的時間都是東京最高的摩天大樓。

儘管在此之後東京沒有再出現比橫濱地標塔更高的建築，興建摩天大樓的腳步卻從未停止，彷彿絲毫不受低迷的景氣影響。目前東京都內有五百棟以上超過一百公尺的摩天大樓如雨後春筍般冒出，想必往後也會永無止盡地繼續增加。

即將現身東京車站前的日本最高摩天大樓

直到不久之前，應該有不少人以為「摩天大樓是大都會的專利」。實際上，近幾年來地方都市也開始陸續興建摩天大樓，只是這樣的情況仍僅限於部分地區。日本有十六個縣完全沒有超過一百公尺的建築物，包含青森、岩手、秋田、栃木、福井、山梨、長野、奈良、和歌山、鳥取、島根、山口、德島、佐賀、長崎和鹿兒島；而高度超過兩百公尺以上的摩天大樓只存在於五個都府縣，分別是東京（二十六棟）、大阪（六棟）、愛知（四棟）、神奈川（兩棟）以及靜岡（一棟）。

佔據日本第一超過二十年以上的橫濱地標塔在二〇一四（平成二十六）年被大阪市阿倍野區的阿倍野 **HARUKAS** 超越，這棟地上六十層，高三百公尺的阿倍建築與橫濱地標塔只有四公尺之差，無論怎麼看都是為了「日本第一」而刻意

表－18　東京車站附近的摩天大樓（高度超過150公尺）

建築物名稱	高度	竣工年度
GranTokyo 南塔	205.0	2007
GranTokyo 北塔	204.9	2007
JP Tower	200.0	2012
讀賣新聞社東京本社	200.0	2013
大手町塔	199.7	2014
新丸之內大樓	197.6	2007
JA 大樓	180.0	2009
丸之內大樓	179.0	2002
丸之內 Trust Tower 本館	178.0	2008
大手町金融城南塔	177.0	2012
丸之內 Park Building	170.1	2009
大手町金融城 Grand Cube	168.3	2016
Sapia Tower	166.1	2007
東京大樓	164.1	2005
日本生命丸之內大樓	158.9	2004
日經大樓	155.0	2009
大手町金融城北塔	154.0	2012
三井銀行東館	150.0	2015
丸之內永樂大樓	150.0	2012

（截至2017年底）

設計的高度。

阿倍野HARUKAS是近鐵南大阪線大阪阿部野橋站的轉運大樓，同時也是一棟囊括百貨、飯店、辦公室以及美術館的複合型商業設施，如今更是日本唯一一棟超過三百公尺的摩天大樓。儘管東京很可惜目前還沒有這麼高的建築物，但未來確實有相關計畫。昔日被奪走的「日本第一摩天大樓」的稱號將會再次回到東京，而且這棟大樓預計會一口氣比阿倍野HARUKAS高出九十公尺，來到三百九十公尺。

東京車站堪稱是東京的玄

圖－48　日本第一高樓的變遷

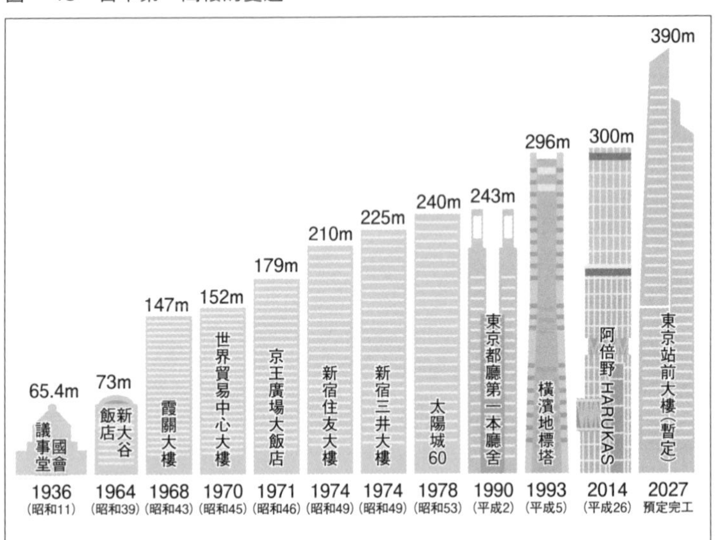

關口，而位於車站日本橋口的常盤橋地區雖然現在佇立著日本大樓、朝日生命大手町大樓、JX大樓以及大和吳服橋大樓，預定將來會一同重新開發成設有廣場的四棟高樓，其中最高的一棟便是高達三百九十公尺的摩天大樓。

該地區已經在二〇一七年開始施工，預計於二〇二七年完工，是個需要耗時十年的大型計畫。畢竟這棟摩天大樓的高度會比阿倍野HARUKAS還高出九十公尺，想必在完成之後將有好一段時間能夠穩居日本第一。

近幾年來，原本外觀優美、高度統一在三十一公尺左右的丸之內商業區也明顯開始高樓化，東京車站周圍正在慢慢轉型成超越新宿副都心的摩天大樓區。

2 瞬息萬變的東京鐵路

山手線即將開設新站

繞行東京都心的JR山手線並不是打從一開始就被建造成環狀線，正式的山手線實際上只有從品川站經澀谷、新宿、池袋到田端站為止的二十·六公里，起源自以搬運鐵路建材為主要目的而建造的品川線（品川—赤羽）。目前山手線上從品川到池袋區間一共有十三個車站，不過在品川線開通當時，沿途只有品川、澀谷及新宿三站；就算加上晚了兩週啟用的目黑、目白變成五站，數量還是不及現在的一半。

一九〇三（明治三十六）年，為了建造連結甲武鐵道（現為JR中央線）以及日本鐵道磐城線（現為JR常磐線）的短程貨運路線而設立了池袋站，並且從這裡延伸出一條通往田端站的支線。接下來只要能在上野到新橋站之間鋪設四公里的鐵路，就可以完成環狀線了。然而，由於上野至新橋區間屬於人口密集的下町地區，土地徵收困難重重，使得環狀線的建設歷經了一段漫長的歲月。

隨著東京車站在一九一四（大正三）年十二月啟用，東海道本線的起點站便從新橋移往東京車站。五年後的一九一九（大正八）年三月，中央線進駐東京車站，沿途行經中野、新宿、御茶水、東京、品川、澀谷、新宿、池袋、田端、上野，形成了類似「の」字型的路線。六年後，秋葉原—神田區間於一九二五（大正十四）年十一月宣告完工，東京至上野之間也搭建起高架鐵路，如今的環狀線才終於大功告成。

環狀的山手線上總共有二十九站，不過在剛

開始通車的時候原本是二十八站，直到一九七一（昭和四十六）年四月於日暮里站和田端站之間設置西日暮里站之後，才成為二十九站。為什麼要在過了近半個世紀後才開設新站呢？這是因為營團地下鐵（東京Metro）的千代田線在兩年前的一九六九年十二月正式啟用，所以產生了連接地下鐵與山手線的必要性。

接著在二〇一四（平成二十六）年六月，JR東日本發表了將在山手線的品川站與田町站之間設立第三十座車站的新站建設計畫。在直接連結東京南北兩端的「上野東京線」開通以後，品川車輛基地便能將機能轉移至北區的尾久車輛基地，而空出來的大片土地則可以另做他用。於是，JR東日本提出了一個遠大的構想，不僅要為山手線及京濱東北線開設新站，同時也會重新開發站前區域，建造包含三棟高級住宅以及

圖－49　山手線路線圖

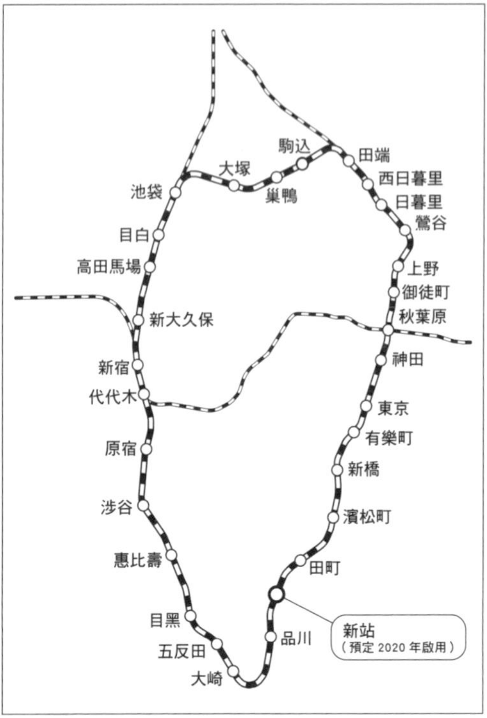

五棟複合大樓在內的八棟摩天大樓，在東京創造出一個全新的街道。

有鑑於山手線上距離最遠的品川站與田町站相距二・二公里，將近是山手線平均站間距離（一・一公里）的兩倍，就算在這裡設置新站也很自然。JR東日本與都市再生機構已於二〇一七（平成二十九）年二月舉行開工儀式，目前正以在東京奧運開幕的二〇二〇年春天通車為目標逐步推動工程。

表－19　山手線29站的啟用年度

啟用順序	站名	啟用年度
26	東京	1914（大正3）年12月20日
20	有樂町	1910（明治43）年6月25日
17	新橋	1909（明治42）年12月16日
17	濱松町	1909（明治42）年12月16日
17	田町	1909（明治42）年12月16日
1	品川	1872（明治5）年5月7日
9	大崎	1901（明治34）年2月25日
23	五反田	1911（明治44）年10月15日
5	目黑	1885（明治18）年3月16日
10	惠比壽	1901（明治34）年10月30日
3	澀谷	1885（明治18）年3月1日
16	原宿	1906（明治39）年10月30日
15	代代木	1906（明治39）年9月23日
3	新宿	1885（明治18）年3月1日
25	新大久保	1914（大正3）年11月15日
21	高田馬場	1910（明治43）年9月15日
5	目白	1885（明治18）年3月16日
11	池袋	1903（明治36）年4月1日
11	大塚	1903（明治36）年4月1日
11	巢鴨	1903（明治36）年4月1日
22	駒込	1910（明治43）年11月15日
8	田端	1896（明治29）年4月1日
29	西日暮里	1971（昭和46）年4月20日
14	日暮里	1905（明治38）年4月1日
24	鶯谷	1912（明治45）年7月11日
2	上野	1883（明治16）年7月28日
28	御徒町	1925（大正14）年11月1日
7	秋葉原	1890（明治23）年11月1日
27	神田	1919（大正8）年3月1日

＊第一代新橋站的啟用時間為1872（明治5）年10月14日。

品川站成為東京門戶

歷經戰後復興的日本隨後進入高度經濟成長期，並於東京奧運開幕前的一九六四（昭和三十九）年十月一日，迎來了連接東京和大阪的大動脈——東海道新幹線的開通。這條路線是為了運輸量瀕臨極限的東海道本線所打造的分流，然而隨著後續經濟的顯著成長，東海道新幹線也很有可能會在不久的將來出現載客量吃緊的情況。就在這時，有人提出以時速可達五百公里以上的超導體磁浮列車為東海道新幹線建造分流；畢竟東海道新幹線已日漸老舊，也可能因為地震等突發性災害而長期停駛。就這層意義上來說，確實有必要建立一條替代路線。

一九九六（平成八）年在山梨縣都留市設立的磁浮列車實驗線為了邁向實用化曾進行多次試運轉，並在二〇〇三（平成十五）年十二月創下了時速五百八十一公里的世界紀錄。接著，相關單位又在這裡投入耐久性等多項實驗，朝著實用化更進一步。到了二〇一一（平成二十三）年五月，中央新幹線（中央磁浮新幹線）的建設計畫拍板定案，並決定由ＪＲ東海承包工程。開工典禮於二〇一四（平成二十六）年舉行，以在二〇二七年先開放東京至名古屋區間為目標如火如荼地展開施工。

從建設路線來看，東京至名古屋的區間幾乎採直線距離，全程最快只需要四十分鐘，沿途預計在相模原市、甲府市、飯田市與中津市設置停靠站，終點車站將位於現在的名古屋車站地底，至於東京這一側則設置於品川而非東京車站。在研討計畫的過程中，東京、品川及新橫濱三站皆被列入設站候補，最終決定將品川站作為中央新幹線的起點。

圖－50　中央新幹線路線圖

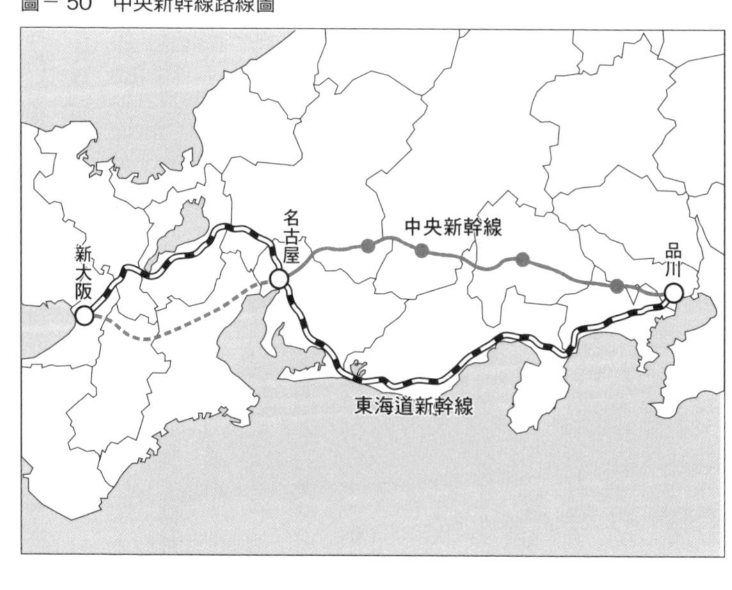

品川站在二〇一六（平成二十八）年一月二十七日舉行了開工儀式，以二〇二七年通車為目標正式展開中央新幹線的建設工程。月台的位置深達地下四十公尺，由於鐵路將從品川站往名古屋的方向延伸，很多人可能以為新月台會設計成與東海道新幹線月台垂直的東西向，但實際上中央新幹線的月台將設置在東海道新幹線月台的正下方且與之平行。換句話說，列車會先從品川站往南，朝右邊拐一個大彎之後朝西邊前進。

中央新幹線的名古屋站也會設置在現今名古屋站的地下，不過因為東海道新幹線在名古屋站附近的軌道為南北向，與中央新幹線的月台將呈現垂直相交。

中央新幹線的品川站建設工程與名古屋站和南阿爾卑斯隧道並稱為三大困難工程，畢竟東海道新幹線是銜接日本東西兩端的大動脈，每天有上百輛列車來回穿梭，而身為東京南部大型轉運站的品川站不能有任何一天停止運作。由於必須在不影響班次的情況下進行施工，工程的難度也因此超乎想像。在長達六年的工程期間，相關單位必須一邊顧慮到車站附近的交通一邊施工，與此同時車站周遭的再開發計畫也將全速進行。靠近「空中門戶」羽田機場也是品川站的優勢之一，或許在未來的某一天，品川站將取代東京車站，成為新的東京門戶。

●新宿站將會有新幹線？

新幹線在東京有東京、上野、品川三個車站，且將來可能會在新宿開設第四個新幹線車站。其實，當初新宿應該比品川站更早設立新幹線的月台。於一九六四（昭和三十九）年通車的東海道新幹線由於績效超乎預期，正好趁勢把新幹線的路線拓展到全國各地，於是政府在一九七〇（昭和四十五）年五月頒布了《全國新幹線鐵道整備法》，並決定以此為根據在東日本建造東北、上越和成田三條新幹線，預計一九七六（昭和五十一）年通車。至此轉運站的地點成了人們關注的一大焦點，儘管中間經過幾番波折，東北新幹線與成田新幹線的起點最後定在東京站，上越新幹線則以新宿為起站。

東京到大宮是東北及上越兩條新幹線的共用區間，兩者會在大宮站互相分歧。一開始先從東京站開始動工，讓東北以及上越新幹線皆以此站作為起點；一旦新宿站宣告完工，上越新幹線便會利用山手貨物線的軌道進入新宿。後來當北陸新幹線的計畫大致底定之後，新宿也被預定為北陸新幹線的起點。

之後建設計畫比預期的大幅落後，直到一九

八二（昭和五十七）年六月才開通東北新幹線的大宮至盛岡區間，上越新幹線（大宮－新潟）也趕在同年十一月正式啟用。三年後，大宮至上野區間在一九八五（昭和六十）年三月通車，等到一九九一（平成三）年六月才終於連上東京車站。這時，日本的高度成長期已逐漸步入尾聲。

龐大的建設費用等問題導致上越新幹線和北陸新幹線經過新宿站的計畫石沉大海，就連成田新幹線也因為沿線居民的激烈反對而碰壁，於一九八六（昭和六十一）年正式宣告計畫中止。

讓上越新幹線和北陸新幹線進駐新宿站難道只是日本高度成長期曇花一現的一場美夢嗎？上越新幹線的新宿站原本預定要蓋在新宿站南口附近，這裡目前不僅留有當時的痕跡，地底下也還保留著建設月台所需的空間。如果新幹線進駐新宿站的可能性為零的話，根本沒必要留住這塊空間這麼久，可見還是有希望的。

目前東京車站除了東海道新幹線，還有東北新幹線、上越新幹線以及北陸新幹線。二〇一六（平成二十八）年三月，北海道新幹線從新青森到新函館北斗站區間正式啟用，預計二〇三一年將延伸至札幌；此外，北陸新幹線的長野至金澤區間也於二〇一五（平成二十七）年三月開通，並將於二〇二三年春天之前通往敦賀。屆時，出入東京車站的列車將會大幅增加，甚至可能導致車站不堪負荷，促使相關單位盡快擬定對策。

或許正因如此，人們終究會注意到應該讓上越新幹線與北陸新幹線進駐新宿車站。然而新宿站的載客流量高居世界第一，如果再加上新幹線的乘客，站內的混亂程度恐怕會超乎想像。話雖如此，新幹線進駐新宿站應該也只是時間早晚的問題了。

瞬息萬變的東京風景

山手線會實現地下化嗎？

環繞都心的山手線堪稱是遍布東京各地的鐵路網心臟，甚至有人曾經提出將其地下化的構想。如此浩大的工程真的有可能成真嗎？各界對此議論紛紛，質疑地下化的意義何在，或是不惜投入鉅資讓山手線地下化究竟能帶來多少益處。

讓鐵路走進地底的主要原因與大都市的地下鐵一樣，若不是因為地面上沒有足夠的空間鋪設鐵軌，就是為了避開障礙物。地下鐵路不需要平交道或交通號誌，因此不會對陸上交通造成阻礙；而建設地下鐵的根本目的，原本就是為了在不影響城市道路交通的情況下實現穩定運行。山手線的軌道雖然位於地表，但是多半位於高架，既沒有平交道，也不會妨礙交通。既然如此，又為什麼需要地下化呢？

有些人認為，山手線的高架橋會阻礙都市景觀。儘管山手線的高架橋確實有礙觀瞻，但是架設高架橋的並非只有山手線而已。不僅絕大多數的私鐵都是高架鐵路，首都高速道路的高架橋也遍及各處，銀座四周甚至被高架的高速公路團團包圍；因此對都市景觀而言，只有山手線地下化根本無濟於事。

除此之外，融入東京風景的山手線高架橋儼然已是這座巨大城市的象徵，人們早就習以為常，甚至有人認為東京的風景會因為少了它而黯然失色，或是變得不像東京。此外不能忘記的是，正因為山手線的車站設在地面，站前商圈才能如此蓬勃發展；光看地下鐵的車站就可以知道，要是山手線真的地下化，車站周邊究竟是否還能保有目前的榮景令人存疑。

東京的地下鐵一如網狀遍布各個角落，光是地下鐵與山手線相交的路線就有超過三十處以上，且近幾年興建的地下鐵都位在地底深處，如果山手線要地下化的話，勢必要走向更深的地方。當然，這麼做需要大量資金，工程的困難度也可想而知。山手線地下化後所帶來的利益，真的值得做到這種地步嗎？

若要說山手線地下化的好處，除了地域遭到切割的問題能夠在高架橋拆除後獲得改善，也能更加有效利用地面上的空間。

山手線的行進路線基本上是都心的一等地段，利用價值很高，若是在這些地方興建高級住宅等摩天大樓，想必能容納數十萬人的住家或辦公空間。如此一來，人們便可以徒步通勤，上下班時間的壅塞人潮也能得到緩解。這應該就是山手線地下化後最大的好處了。

如今也有人提倡應該利用都心的空中權[1]，在山手線上方建設高層住宅。雖然這或許只是紙上談兵，但位於都心一等地段的山手線確實具有極高的利用價值，激發人無限的想像。

藍天會重返日本橋嗎？

如果說日本鐵路的起點是東京車站，那麼道路的起點就是日本橋了。西元一六〇四（慶長九）年，江戶的日本橋被德川幕府指定為當時主要幹道的「五街道」（東海道、中山道、甲州街道、奧州街道、日光街道）的起點。

日本橋於前一年的一六〇三年完工，雖然只是一座不到五十公尺長的木造太鼓橋，卻有大批人潮在此往返，是江戶最熱鬧的地方。即使到了明治以後，政府依然維持將日本橋作為道路網起

1 使用個人持有土地之上空空間的權利。或稱「空間權」。

點的傳統，在一八七三（明治六）年對各街道進行實況調查時，把幾乎位於東京正中央的日本橋當成所有街道的起點。

一八七六（明治九）年，道路被分成國道、縣道和里道三種類別，於一八八五（明治十八）年又規劃了第一號到第四十四號國道。這些通往全國各地的國道，全都是以日本橋為起點。

一九一一（明治四十四）年，日本橋被改建成現在所見的石造二連拱橋，橋中央設有**「東京市道路元標」**。之後過了六十多年有鑑於日本橋年久失修，政府於是在一九七二（昭和四十七）進行整修時把東京市道路元標移至日本橋北側，原本的位置則鑲上一塊金屬板，將上面的名稱改成**「日本國道路元標」**。

石造的日本橋具有很高的文化價值，在一九九九（平成十一）年被指定為國家重要文化財，是東京繼中央區京橋的八幡橋（原彈正橋）之後，第二座被指定為重要文化財的橋梁。而架設在隅田川上的永代橋、勝鬨橋與清洲橋也在二○○七（平成十九）年入選，因此東京目前一共有五座名列國家重要文化財的橋梁。

在物資運輸上扮演重要角色的道路無疑是促成日本作為近代化國家高度發展的原動力，而日本橋正是這些道路的原點，與隨處可見的橋梁不能相提並論；然而日本橋如今像是遭到世間遺忘一般，靜靜佇立在不見天日的地方。這一切都起因自在東京奧運開幕前一年的一九六三（昭和三十八）年建於日本橋川上的首都高速道路。為了在高度經濟成長期緩解都心交通壅塞的情況，這座首都高速道路確實對日本的經濟發展做出了極大貢獻；可是，讓相當於日本道路象徵的日本橋維持現狀真的好嗎？

最近幾年，讓日本橋重見天日的時機似乎已經到來。二〇〇六（平成十八）年，根據當時的總理大臣小泉純一郎的意願，成立了「為日本橋川找回天空之會」，並針對日本橋地區的更生計畫深入討論。高架橋不但摧毀了日本橋的景觀，還將過去一體成形的日本橋一分為二；加上首都高速道路正在逐漸老化，於是有人提出了一個大膽的構想，認為應該趁機拆除竹橋系統交流道至江戶橋系統交流道之間的高架橋，透過地下化讓東京找回美麗的風景與活力。目前，以當地居民和財界、文化界人士為中心的團體，正朝著拆除高架橋的目標努力奔走。

堪稱東京象徵的日本橋就應該立於青空之下，而訪問東京的人一定也都會想在與藍天相襯的日本橋拍照留念；如果這個理想能夠實現，日本橋想必會成為東京的熱門景點。然而，高速公路的地下化所費不貲，何況在充斥著地下鐵的地底施工也是一個超乎想像的大型工程，這些都是這個構想所面臨的瓶頸。眼看都心的改造計畫正按部就班地進行當中，或許政府也應該把日本橋列入其中才是。

另一方面，首都高速道路的高架橋已經與巨大都市東京充斥著高樓的景觀融為一體，大多數人都認為事到如今已沒必要花大錢進行地下化也是不爭的事實。

東京的象徵是江戶城的天守閣？

無論哪一座都市都有獨特的象徵，例如紐約的自由女神、莫斯科的紅場、巴黎的艾菲爾鐵塔、倫敦的大笨鐘或北京的天安門，可見有多少大都市，就存在多少眾所皆知且讓人印象深刻的地標。那麼，東京的象徵是什麼呢？有人說是東京晴空塔，也有人至今依然認為是東京鐵塔；此外還有東京都廳、國會議事堂、東京車站、淺草雷門等各式各樣的意見縱橫交錯，然而意見分歧這件事本身，其實就證明了東京並沒有讓人特別印象深刻的象徵。

不知道是否因為這個原因，近年來提倡重建江戶城天守閣，並把它塑造成東京象徵的構想開始浮上檯面。

東京原本就是從江戶城下町開始發跡的都市，其中江戶城不但是江戶的象徵，還曾聳立著五層樓高的天守閣。江戶城在過去是規模超越大阪城、名古屋城與姬路城的日本最大城郭，似乎確實十分適合作為東京的象徵。

江戶城始於太田道灌在一四五七（康正三）年砌築的小型城郭，自一六〇三（慶長八）年江戶幕府創立以來，江戶城歷經德川家康、秀忠及家光三代將軍不斷擴大，其間天守閣也曾經過三次整建。首先是德川家康建造的慶長度天守，其次是第二代將軍德川秀忠修建的元和度天守，最後是在第三代將軍德川家光的時代完成的寬永度天守。一六三八（寬永十五）年完工的寬永度天守是至今規模最大的天守閣，包含天守台在內高達五十九公尺左右，卻在吞噬江戶市的「明曆大火」（一六五七年）中化為灰燼，之後就一直沒有重建。

當時雖然也有財政緊迫等因素，但由於身為將軍監護人的會津藩主保科正之認為比起重建天守，應該以拯救江戶百姓與振興市街為優先，天守閣重建一事因此擱置。至於另一個原因，則是因為天守閣在天下太平的時代已無用武之地。

復原寬永度天守閣的江戶城天守閣重建計畫是一件出人意表的提案。由白堊砌成的天守閣聳立在被高樓環繞的綠色空間，這樣的風景應該會吸引不少人潮，成為一大觀光勝地；除了日本國內民眾之外，可能還會有許多來自世界各地的遊客爭相造訪，創造出驚人的經濟效益。

圖－51　江戶城的範圍與天守閣的位置

正如日本有句話說：「尾張名古屋是靠著城堡支撐」，日本之所以會有這麼多都市以城郭為象徵，想必正是因為經過歷史淬鍊的天守閣足以被視為當地人的驕傲。

在東京居民之間也傳出一些不滿的聲音：「明明名古屋城和大阪城都重建了，為什麼江戶城不重建呢？」城郭濃縮了日本的歷史與文化，就這層意義來看，江戶城天守閣或許是最名副其實的東京象徵也說不定。

江戶城天守閣遺址位於皇居東御苑北邊的北桔橋門南側，目前還保留著加賀藩修建的台座。未來若要重建將會選在此處，但這需要龐大的建設資金，地點（皇居）的問題也讓這個計畫前途多舛。無論如何，儘管沒有輿論的支持就難以實現，但江戶城天守閣的重建無疑是個值得探討的主題。

東京有幾個副都心？

從三個副都心到七個副都心

大都市中央所謂的商務集中地區被稱為「都心」，也就是「大都市中心」的簡稱，不過這個字後來在日本逐漸專指東京都的中心，因此也可以算是「東京都中心」的縮寫。當都市越變越大，周遭地區就會形成承擔都心次要機能的「副都心」。東京都也有好幾個像這樣的副都心，其中大部分都是在第二次世界大戰之後因為充實的交通網使得郊外的住宅區日漸興起，並於鐵路交會之處所形成的繁華街。

日本進入高度經濟成長期之後，各種商業活動的據點紛紛往東京都心集中，隨之而來的「通勤地獄」與交通壅塞導致身為首都中樞的都心開始出現不堪負荷的危機。為了分散都心的機能，政府在一九五八（昭和三十三）年根據首都圈整備計畫將「新宿」、「澀谷」、「池袋」三個地區指定為副都心，促使這些地方出現驚人的成長，開始分擔都心的部分機能。

然而這些副都心全都落在山手這一側。基於「應該進一步分化都心機能，讓東京均衡發展」的觀點，一九八二（昭和五十七）年於是新增了「上野・淺草」、「錦糸町・龜戶」以及「大崎」三個副都心，而後東京二十三區便以都心與六個副都心為主軸，發展成世界知名的日本首都。

不過，到了一九九五（平成七）年，東京灣沿岸誕生了第七個副都心——臨海副都心。在新宿、澀谷與池袋被指定為副都心的昭和三〇年代，應該從來沒人想過東京灣上竟然會出現副都心。在東京灣沿岸的海埔新生地設置副都心的構想出自一九七九（昭和五十四）年召開的「My Town構想懇談會」，隨後歷經一九八二（昭和五十七）年的「東京都長期計畫」、一九八五（昭和六十）年的「東京電訊站構想」以及翌年的「第二次東京都長期計畫」，東京臨海副都心的建設計畫才逐漸成形。開發的基本方針於一九八七（昭和六十二）年拍板定案，並從一九八九（平成元）年起開始施工。

一九九三（平成五）年，連接都心與臨海副都心的彩虹大橋宣告完工；一九九五（平成七）年，串聯新橋與臨海副都心有明的「百合海鷗」正式通車。自此，臨海副都心與都心透過鐵路及道路緊密相連，各項設施也在交通網的建設期間逐一落成。於一九九七年（平成九）將總部搬到台場的富士電視台也加速了此地的開發，如今的臨海副都心不僅商場、辦公大樓和飯店等高樓林立，大學校區、住宅或公園等設施也十分完備，宛如一座巨大的海上都市。東京的第七個副都心就這麼在海埔新生地上誕生了。

新都心與新據點

新宿是副都心的代名詞，其中，西新宿的摩天大樓群又被人們稱為「新宿新都心」。這個名稱出自一九九一（平成三）年，當時由於東京都廳從有樂町搬到西新宿的摩天大樓群一隅，使得這裡成為取代丸之內、有樂町及霞關一帶的「新的都心」。將舊淀橋淨水廠重新開發而誕生的新都心佇立著三十幾棟摩天大樓（高度超過一百公尺），雖然「副都心裡面的新都心」聽起來有些微妙，但西新宿的摩天大樓群可說是「新都心」的發源地。

不過，除了新宿新都心之外，緊鄰東京都的

其他縣廳所在地還有三個被稱為「新都心」的地方，那就是橫濱市的「橫濱港未來21」、埼玉市的「埼玉新都心」以及千葉市的「幕張新都心」。規劃這三個新都心的目的，是為了抑制人口及資源過度集中於東京，並分散首都機能。

話說回來，在東京其實還有一些地方被稱為「**新據點**」。如果說橫跨千代田區、中央區、港區三區的大手町、丸之內、有樂町、內幸町、霞關、永田町、日本橋、八重洲、京橋、銀座及新橋是東京都心的話，那麼副都心就是新宿、澀谷、池袋、大崎、上野．淺草、錦糸町．龜戶、臨海副都心這七個地方。而身為責任重大的交通要衝，品川、羽田及秋葉原這三個地區則被指定為與副都心地位相當的新據點展開二次開發。

預計在二〇二七年開通的中央新幹線將以品川站作為起點，因此外界非常看好品川的未來發展。當興和不動產於一九八四（昭和五十九）年買下舊國鐵調車場的用地之後，當地的再開發就以破竹之勢迅速展開，在品川站東口一帶建起好幾棟摩天大樓。然而，交通便利的品川卻因為商業設施不足而欠缺活力，但這反而讓各界更加關注再開發計畫會為品川站周圍帶來怎樣的變化。

考慮到東京必須強化身為國際都市的機能，被指定為新據點的羽田肩負著擴展廣域交通網、物流網以及提升國際競爭力的重責大任。今後這裡將利用因羽田機場近海擴建工程而空出的舊機場用地進行二次開發，希望能透過大幅活用鄰近羽田機場的地利之便來活絡地方發展。

同樣被指定為新據點的秋葉原從很早之前就作為山手線、京濱東北線以及總武本線在此相交的交通樞紐蓬勃發展，而二〇〇五（平成十七）年加入的筑波快線又將秋葉原身為新據點的地位更加提高。如今這裡已是聞名世界的電器街，也是許多外國遊客到東京必訪的代表性景點。

不過，秋葉原的建築物以中小型樓房居多，為了提高土地利用效率，秋葉原站的周邊地區也被列為都更的對象，開始執行建造住宅大廈以及複合式摩天大樓的計畫。過去只有特定年齡層的族群會造訪的秋葉原，今後似乎將變成老少咸宜且能滿足各種需求的魅力街區。

表－20　5座核心都市與7個生活據點

核心都市	八王子、立川、町田、多摩新城、青梅
生活據點	・小金井市、國分寺市（JR中央線　武藏小金井站、國分寺站周邊地區） ・日野市（JR中央線　豐田站周邊地區） ・昭島市、福生市（JR青梅線拜島站周邊地區） ・調布市（京王線　調布站、布田站、國領站周邊地區） ・府中市（京王線　府中站周邊地區） ・東村山市（西武新宿線　東村山站周邊地區） ・西東京市（西武池袋線　雲雀丘站周邊地區）

多摩地區的核心都市與生活據點

提到東京，很多人只會想起二十三區，但千萬別忘了這裡還有一片廣大的多摩地區。不僅面積幾乎是二十三區的兩倍，四百二十七萬的人口（截至二〇一六年年底）更佔了全東京都的三成以上。如果從各都道府縣的人口排行來看，多摩地區甚至超越靜岡縣（約三百七十萬人），榮登繼福岡縣（約五百一十萬人）之後的全國第十名。在思考東京的未來發展時，多摩地區是絕對不能小覷的存在。

正如過去有所謂的「三多摩格差」，二十三區與多摩地區在交通及公共設施等都市基礎建設上落差極大，儘管近來有縮小的趨勢，還是無法否認兩者之間依然存在一定的差距。

為了彌補多摩地區與二十三區之間的差距，東京都在一九九八（平成十）年針對八王子、立川、町田、多摩新城和青梅等五座核心都市制定了「多摩之〈心〉育成．整備計畫」，希望藉此分散不斷往二十三區靠攏的商業資源，並強化多摩地區的都市機能與交通建設。雖然八王子站和立川站的站前再開發工程以及中央自動車道與首都圈中央聯絡自動車道的銜接都因此有所斬獲，但為了更進一步推廣該計畫，當局於二〇〇九（平成二十一）年提出「多摩據點整備基本計畫」，在原先的五個核心都市之外又追加指定了七個已經都市化的交通要地作為生活據點。

這七個地方分別是ＪＲ中央線沿線的武藏小金井站及國分寺站周邊、日野市的中央線豐田站周邊、設有三條ＪＲ線與西武拜島線的拜島站周邊、京王線沿線的調布、布田與國領三站周邊、京王線的府中站周邊、西武新宿線的東村山站周邊，以及西武池袋線的雲雀丘站周邊。

以目標來說，是希望能在二〇二五年達到充實這些多摩地區的核心都市與生活據點的都市機能，將它們重新打造成與周圍住宅區緊密連結的集約型社區。透過將業務、商業、行政與文化設施等各項機能集中在一處，政府便能更有效率地提供行政服務，營造出讓居民更加安居樂業的生活環境。一旦能阻止人潮繼續流向東京都心，便有助於緩和市區塞車與通勤尖峰時段的擁擠人潮，自然環境也將獲得改善。如果這個計畫能夠順利進行的話，應該可以抑制人口與資源朝都心過度集中的問題，實現均衡且健全的都市發展。

第一次東京奧運帶來的交通網大改造

原本應該要在東京舉行的「夢幻奧運」

年輕人口中的「東京奧運」，多半都是指預計於二〇二〇年開幕的奧運盛典，但對於中高齡階層的人來說，肯定都會先想到在一九六四（昭和三十九）年首次在亞洲舉辦的東京奧運。事實上早在戰前，奧運也曾預定要在東京舉行。

自從國際田徑總會會長埃德斯特隆（Sigfrid Edström）於一九二九（昭和四）年訪日以來，日本眼看似乎很有機會主辦奧運。一九三一（昭和六）年十月，當東京市議會通過了有關奧運的議案，政府便開始積極延攬奧運來日舉行。

翌年，在洛杉磯召開的國際奧林匹克委員會（IOC）總會上，日本正式表明有意擔任一九四〇（昭和十五）年第十二屆奧運的主辦國。一九四〇年正好是皇紀二六〇〇年，也就是距離初代神武天皇即位滿兩千六百年，如此值得紀念的年份也使得延攬活動更加升溫。

成為候選城市的東京與芬蘭的赫爾辛基以及義大利的羅馬之間展開了激烈的競爭，最後在一九三六（昭和十一）年七月的柏林IOC會議上決定由東京負責承辦一九四〇（昭和十五）年的奧運賽事。

這是史上第一場在歐美國家以外的地方舉辦的奧運，因此備受日本國民期待，同時引來全世界的高度關注。興建比賽場地和住宿設施等各項準備工作都進行得相當順利，然而應當在亞洲舉辦的首場奧運卻隨即蒙上了一層陰影。

一九三七（昭和十二）年七月在北京爆發的盧溝橋事變最終引爆了中日戰爭。眼看戰火逐漸擴大且時間拉長，日本國內輿論開始對東京奧運抱持否定態度，認為在戰爭期間根本無暇舉辦奧運。

中日戰爭很明顯是一場侵略性戰爭，日本因此飽受國際抨擊，有越來越多國家堅稱日本沒有資格擔任主辦國，反對在東京舉行奧運。

就像各國因為蘇聯侵略阿富汗而相繼杯葛一九八〇（昭和五十五）年的莫斯科奧運一樣，美、英等歐美國家的態度也轉趨強硬，拒絕出賽東京奧運。

讓情況變得更糟的是，長期的戰事導致建築用的鋼材不足，比賽場地的建設工程因此陷入停工危機，預測國家應該難以舉辦奧運的日本政府最後只能放棄。距離決定主辦奧運而舉國歡騰的日子才過了短短兩年，日本內閣會議於一九三八（昭和十三）年七月正式決定放棄奧運主辦權，第十二屆東京奧運就這樣成為一場未曾實現的「夢幻奧運」。

趕在東奧開幕前通車的首都高速道路與單軌列車

東京雖然是二戰期間災情最慘重的都市，但最先從戰敗造成的傷痛中振作起來的也是東京。歷經戰後復興的日本隨後進入高度經濟成長期，似乎正是讓「夢幻奧運」化為現實的大好時機，於是東京再次申請角逐一九六四（昭和三十九）年第十八屆的奧運場地。

接著，東京在一九五九（昭和三十四）年五月於西德慕尼黑召開的ＩＯＣ會議上，順利擊敗底特律（美國）、維也納（奧地利）以及布魯塞爾（比利時）並雀屏中選，這個好消息讓日本全國為之沸騰。

確定將在東京舉辦奧運之後，重型機具的噪音便此起彼落，讓東京的樣貌有了巨大的變化。原先缺乏體育設施的東京街頭陸續出現各式各樣的比賽會場，其中包含風格新穎、將作為奧運主場館的國立競技場，以及田徑競技場、體育館和武道館等等。

這些搶眼的競技場地一時之間吸引不少目光，成為東京新的觀光景點。但說起當時東京最大的變化，還是非鐵路及道路等交通網莫屬。

首先，連接東京和大阪的東海道新幹線在東京奧運開幕九天前的十月一日正式啟用，讓世界對於日本身為近代國家的高度發展留下深刻印象。

首都高速道路也在一九六二（昭和三十七）年十二月率先開通京橋至芝浦路段後加緊趕工，於奧運開幕之前啟用了包含都心環狀線在內長達三十二．六公里的區間。穿梭於大樓之間的高架橋雖成了東京的地位象徵，卻也導致日本橋被隱沒在首都高速道路的高架橋下，更有許多位於都心的水岸空間因此消失無蹤。

在東京奧運開幕前一個月的九月十七日，連接濱松町與羽田機場（總長十三．一公里）的東京單軌列車正式啟用。這是日本第一條用來載客的單軌列車，因此受到世界各地的高度關注。剛開通的時候在濱松町和羽田機場之間沒有設置任何停靠站，只需十五分鐘便能走完全程。

或許是因為「物以稀為貴」，剛通車不久的單軌列車盛況空前，但要價二百五十日圓的昂貴車資（大約是當時國鐵車資的六倍）導致乘客人數在奧運閉幕後急速銳減，單日乘客流量下滑至兩千人左右，立刻就陷入了經營危機。

不過，沿線的後續開發與增設新站讓使用人數逐漸回升，路線也比之前更長。現在單軌列車在濱松町至羽田機場第二航廈區間（十七．八公里）共有十一個車站，所需時間約為二十五分鐘，單日乘客人次則高達二十五萬人左右。

地下鐵也像是要趕上東京奧運的腳步一般不斷增設路線，從確定舉辦東京奧運到開幕式為止的五年期間，東京開放了營團地下鐵（現東京Metro）的日比谷線、荻窪線（現為丸之內線新宿－荻窪）、丸之內線以及都營地下鐵的淺草線（包含僅開通部分區間的情況）。

作為代價，昔日承擔都市交通重任的路面電車卻彷彿被視為交通堵塞的元兇，在奧運開幕前後陸續遭到廢除。

全盛時期的東京都電在二十三區內有長達二一四．九公里的鐵路網，但終究於一九六七（昭和四十二）年十二月從銀座消失，連接日本橋至錦糸町站前以及王子站前至赤羽等六條路線也在一九七二（昭和四十七）年十一月遭到廢除。從此以後，都電就只剩下唯一一條連通早稻田與三之輪（十二．二公里）的路線。

●「夢幻奧運」留下的遺產

每當舉辦過大型盛會之後，以其為名的公園或道路就會變成遺產保留下來，例如世田谷區的駒澤奧林匹克公園、札幌市的真駒內五輪紀念公園、大阪府吹田市的萬博紀念公園以及沖繩的海洋博公園等等。此外在福島、長野、兵庫、鳥取、福岡與沖繩等地都有為了國民體育大會而修建的「國體道路」，岡山市內則保留了地名「國體町」，皆是能將昔日主持大型盛會的事蹟流傳後世的遺產。

雖然數量不多，原本預定在一九四〇（昭和十五）年於東京舉辦的「夢幻奧運」也有留下一些遺產。由於從決定舉辦到放棄主辦權只有短短兩年，大部分的賽場都尚未施工，即便是已經開始動工的設施也在中途喊停，不過仍有少數已順利完工。

其中之一便是坐落在埼玉縣戶田市戶田公園內的戶田賽艇場。這裡原本是為了一九四〇年東京奧運興建的划船賽場暨荒川防洪設施，卻因為日本在完工之前就先放棄了奧運主辦權，因此當時並未啟用；直到二十四年後，才又成為第十八屆奧運的划船賽場。在戶田漕艇場附近，還有一條名為「奧林匹克通」的道路。

世田谷區的馬事公苑同樣是一九六四年東京奧運的馬術賽場，而且也算是原訂於一九四〇年舉行的第十二屆奧運的遺產。然而這裡起初並不是作為馬術競賽的會場，而是為了培育在奧運出賽的馬術選手所成立的設施。

奧運的遺產甚至包括橋梁。例如在原宿站附近有一座橫跨於山手線上方的五輪橋，該橋建造於一九六四年東京奧運舉行之際，由此可知是貨真價實的奧運遺產。橋柱上設有一顆寫著「一個世界」的地球儀，橋的牆面上則刻有五輪圖案的浮雕，算是原宿的隱藏版觀光景點。

東京灣沿岸的海岸通（都道三一六號日本橋芝浦大森線）有一座五色橋，這座架於高濱運河之上的鋼橋長九十三公尺，寬十四・三公尺，其上則有首都高速羽田線通過。橋的兩岸銜接了海岸三丁目以及港南三丁目，周圍又有高樓大廈林立，算是能稍微享受夜景的好地方。

這座以奧運五環的五個顏色為名的橋梁在東京奧運開幕前的一九六二（昭和三十七）年二月完工，不過它並非一九六四年的奧運遺產，而是一九四〇年「夢幻奧運」所留下的產物。

目前的橋身為重建後的第二代，第一代橋梁則是為一九四〇年的東京奧運所打造，於奧運開幕兩年前的一九三八（昭和十三）年四月舉行了啟用典禮。橋的南側為自行車競賽場，如果當初奧運有如期舉行，這一帶的風景應當與現在截然不同。

雖然「夢幻奧運」留下的遺產不多，但是一九六四年東京奧運的痕跡如今仍留在日本各地。作為主場館的國立競技場與進行舉重比賽的澀谷公會堂雖然已經遭到解體，集田徑會場、體育館、曲棍球場等運動設施於一身的駒澤奧林匹克公園，以及舉行游泳、籃球等多項賽事的國立代代木競技場至今依然健在，用來舉行柔道比賽的日本武道館現在也被用於各式各樣的大型活動。

除此之外，代代木公園內也保留了選手村的宿舍，NHK放送中心在當時則是東京奧運的轉播中心；至於在調布市內，還能看到一座標示馬拉松折返點的紀念碑。

二〇二〇年，東京即將迎來第二次的奧運盛事，如果能在開幕之前先回顧半世紀以前留下的奧運遺產，也是別有一番意義。

6 二〇二〇年的奧運將會為東京帶來哪些變化？

外國遊客人數成長了一百倍

自一九六四年東京奧運初次登陸日本之後過了五十六年，如今奧運將再度於二〇二〇年在東京舉辦。面對這個相隔半世紀的國際運動盛事，日本國民無不抱持著高度關切與期待。

先前的奧運期間有許多大型體育設施相繼完工，都心還出現了高架的首都高速道路，連接都心與機場的單軌列車也開始啟用。東京街頭受到奧運的影響出現劇變，而本屆的奧林匹克運動會也即將大幅改變東京。

上次與這次奧運的情況無論從哪個方面來說都截然不同，光是鐵路網就增設了筑波快線、埼京線和京葉線等多條新設路線，如此充實的地下鐵路讓人眼睛為之一亮。在一九六四年奧運開幕時只有三十多公里的首都高速道路，如今也在東京區部和周邊地區布下三百公里以上的道路網。

這也導致首都高速道路的高架橋無所不在，有些人認為這樣有損城市的美觀。而東京灣沿岸的海埔新生地也比當時大上許多，更別提當年東京迪士尼及葛西臨海公園都還只是一片汪洋。

目前東京都有五百棟以上高於一百公尺的摩天大樓，不過在一九六四年舉辦奧運的時候根本看不到任何一棟。由此可見，過去與現在的東京街頭已經差距大到無從比較。

但是，說起改變最大的地方，應該就是外國觀光客的訪問人次了。前次奧運除了參賽選手及相關人員之外，幾乎看不到任何外國人，甚至有不少人是在奧運期間才第一次與外國人近距離接觸；畢竟在那個年代，外國人還相當少見。待奧運之後日本迅速國際化，相較於一九六四年的外國遊客人數為三十五．三萬人，現在又是如何呢？不僅早在二〇一三（平成二十五）年成長至一千萬人，短短三年之後的二〇一六年便突破兩千萬，來到二四〇三．九萬人。由於比預期的「二〇二〇年達到兩千萬人」提早四年達標，日本政府將目標上修為「二〇二〇年成長至四千萬人」，如果順利達成的話，日本將寫下外國遊客人數比前一次東京奧運成長百倍以上（約一百一十三倍）的驚人紀錄。

外國遊客激增的背景包括日圓貶值政策、赴日簽證的條件放寬以及廉價航空的航班增加等各種因素，然而最重要的一點，應該是成功讓外國人了解到日本是個充滿魅力的國家。

在現代的網路社會，日本相關的資訊只需一個瞬間就能傳遍世界每個角落。諷刺的是，日本人經常要透過外國人才會發現自己國家的優點。

然而外國遊客的激增也可能引發各種問題。當今日本最大的課題，便是做好接納外國觀光客的準備。老實說，目前仍稱不上盡善盡美，飯店等住宿設施嚴重不足，即使許多旅館看準二〇二〇的東京奧運持續趕工，數量依然遠遠不夠。

於是，「民宿」這項業態開始受到各界矚目。世界各地都有向旅客出租個人持有的空屋或投資用公寓以換取收入的商業行為，在日本也很流行透過網路上的訂房網站，將個人名下的空屋借給外國旅客來賺取收益的民宿。儘管民宿緩解了不少住宿設施不足的情形，卻也因此產生了新的問題，不僅旅客與鄰近住戶之間衝突頻傳，甚至還有無照的違法民宿遭到取締的案例。面對二〇二〇年奧運在即，日本還有堆積如山的問題亟待解決。

●讓外國人也能夠容易理解的道路標誌

東京奧運開幕以後，擁有不同生活習慣與文化的外國人將會湧入日本，這些人除了觀看比賽之外，應該也很期待在日本觀光。因此對於以觀光立國為目標的日本而言，建立讓外國旅客感到舒適親切的環境可說是最重要的課題。

如果是在生活習慣截然不同的國家長大，一旦來到日本或許多少會感到困惑，但這種因為文化差異而產生的違和感，就某種程度來說也是沒辦法的事。然而，日本還是必須盡量避免讓外國人有所不滿，並且設想他們會因為前往比賽會場觀賽或出訪觀光景點而不斷移動。為了讓外國遊客人也能夠安心順利地前往各自的目的地，就有必要設置讓外國人也能夠輕鬆看懂的道路標誌。

國土交通省先前已宣布將為二〇二〇年的東京奧運進行道路標誌的改善措施。儘管有些人會選擇搭乘大眾交通工具，但也有人偏好租車旅遊，這意味著習慣左駕的外國人必須開著右駕汽車行駛在不熟悉的日本道路。由於不了解路況，路邊的道路標誌就成了他們仰賴的對象。

因此首要之務便是改善道路標誌的表示方法。羅馬拼音與英文必須分開使用，雖然基本上應該要用羅馬拼音，但

表－21　日本外國遊客人數的推移

年度	訪日外國人數（萬人）
1964	35.3
1970	85.4
1975	81.2
1980	131.7
1985	232.7
1990	323.6
1995	334.5
2000	478.7
2005	672.8
2010	861.1
2011	621.9
2012	835.8
2013	1036.4
2014	1341.3
2015	1973.7
2016	2403.9
2020	（目標）4000.0

（資料來源：日本政府觀光局）

在某些情況用英文會更加合適，例如把「公園」從「**Koen**」改成「**Park**」，或是把「市役所」從「**Shiyakusho**」改成「**City Hall**」等等。

此外這些標誌也開始導入圖示（Pictogram）。如果為「羽田機場 **Airport**」的標誌加上飛機圖示，就算是不熟悉路況的外國人也能瞬間理解並安心駕駛，降低事故發生的機率；鐵路車站的指示標誌如果也可以在站名之外加上電車圖示，同樣能增加親切感。

另外，除了道路的通稱以外，加上公路編號也能讓不懂日文的外國人更好理解。像是在「甲州街道」的標誌上增加公路編號「20」，總而言之就是必須花費更多心思確保外國旅客在旅途期間能夠感到安心、安全，特別是針對會有許多外國人出沒的會場周邊、幹線道路以及主要都市或觀光景點的標誌進行改善。由於這麼做同時也能提升日本國內旅客和當地居民的便利性，衷心期待這項措施能順利付諸實行。

東京的基礎建設有何進展？

奧運的交通大動脈——環狀第二號線何時會全面通車？

東京奧運開幕在即，道路、鐵路和機場等基礎建設都在加緊趕工，其中最受重視的便是又名「奧林匹克道路」的環狀第二號線。這條道路將連接主場館的新國立競技場以及預定蓋在沿海地區、位於中央區晴海五丁目的選手村，用來接送參賽選手、相關人員和觀眾，是一條不可或缺的運輸道路。然而，這裡的建設工程如今卻亮起了紅燈。

環狀第二號線指的是從千代田區神田佐久間町一路經由飯田橋、四谷、虎之門和新橋之後抵達江東區有明二丁目的道路，全長約十四公里；雖然途中亦會行經曾因搬遷問題而引發爭議的築地市場，但這裡卻成為環狀第二號線全線開通的一大瓶頸。早在先前就已開通的神田佐久間町至虎之門路段，是以「外堀道路」之名廣為人知的幹線道路；至於長一・四公里、人稱「麥克阿瑟道路」的港區虎之門至新橋路段，也在距離都市計畫決定好路線的六十八年後，於二〇一四（平成二十六）年三月開放通車；此外豐洲至有明路段也已經開通，還沒完工的就只剩下行經築地市場的新橋至豐洲路段（約三・四公里）。全線開放之後，政府還預計規劃BRT（Bus Rapid Transit，公車捷運系統）連接選手村以及位在新橋、有明地區的比賽會場，作為交通運輸手段備受期待。

但是，隨著豐洲嚴重的土壤污染問題浮上檯面，東京都知事小池百合子於是對築地市場的搬

圖－52　環狀第二號線

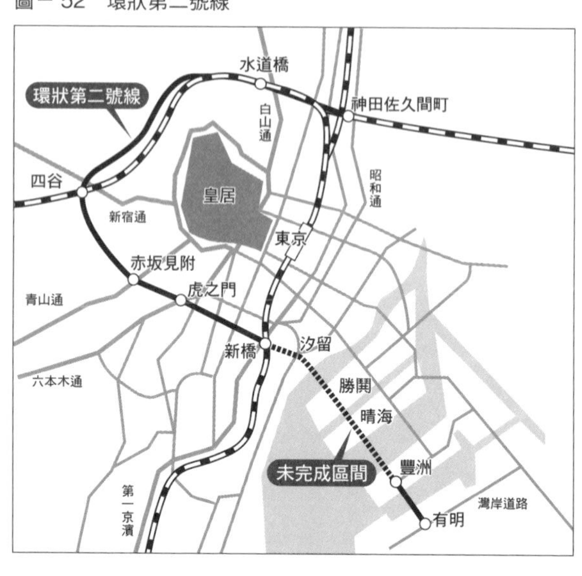

遷計畫喊卡，表示在豐洲市場的安全性獲得保障之前都不能輕舉妄動。

經過一波三折，築地市場終於正式確定要搬到豐洲，但由於大幅落後原定計畫，外界開始擔心會影響到道路工程。這是因為環狀第二號線預定在舊築地市場建設地下隧道，所以在搬遷完成之前都無法動工。

為了讓大會能夠順利進行，這條預計作為奧運的交通大動脈全面啟用的道路確實扮演著非常重要的角色。要是環狀第二號線不能趕在奧運開幕前完成，事態將會變得非常緊急，必須趁早想辦法繞道。如果真的來不及完工，運輸能力將會大幅降低，各地交通打結的情況可想而知；若是人潮從道路擁向鐵路，地下鐵與「百合海鷗」線可能會因為不堪負荷導致東京交通大亂，無疑會對奧運賽事造成影響。不過，東京都已經決定採取讓新橋至豐洲路段在二〇二〇年三月暫時通車的方針，成功避免了最糟糕的情況。

什麼時候才能實現地下鐵一元化？

東京的地下鐵是都民不可或缺的代步工具，只不過路線網極其複雜。有的人光是看到地下鐵的路線圖就覺得頭昏眼花，自動售票機前面也經常可以看到因為不知道該搭哪條線、在哪一站轉車而一籌莫展的外地旅客。就算是長年居住在東京的人，能夠真正暢行無阻地搭乘地下鐵的人也不多，可見東京的地下鐵就是如此複雜。

東京奧運一旦開幕，想必會有許多外國人搭乘地下鐵，我們卻已經能夠預見外國旅客因為分不清方向、搞不懂地名而在車站內來回彷徨的模樣。為了減少這種情況發生，在奧運開幕之前，勢必得想出應對之策。

說到底，東京的地下鐵路線之所以會如此複雜，是因為有不同的地下鐵業者爭相開闢新的路線。無論是大阪還是名古屋，其他都市的地下鐵業者都只有一間（市營），沒有其他競爭對手，自然就能有計畫性地架設地下鐵路。但是東京呢？

從路線圖來看，東京地下鐵（東京Metro）與都營地下鐵的路線給人雜亂無章的印象。東京Metro的路線總長為一九五．一公里，都營地下鐵則是一〇九公里，兩邊加起來超過三百公里；每日載客量總計高達近一千萬人次，這在全世界來說也是名列前茅。

從東京Metro與都營地下鐵有將近三十個轉乘站也可以感受到路線網的複雜程度。由於是根據不同業者開設的路線，有些轉乘站甚至會有不同的站名。

舉例來說，都營大江戶線與三田線的「春日站」以及東京 Metro 丸之內線的「後樂園站」就是名稱不同的轉乘站，而都營地下鐵新宿線的「小川町站」以及東京 Metro 丸之內線的「淡路町站」亦是如此。擁有不同站名的轉乘站在東京隨處可見，這種基於業者不同而產生的現象，對於不習慣搭乘東京地鐵的人來說非常困擾。

除此之外，在東京 Metro 與都營地下鐵之間轉車不僅會讓車資變貴，而且還很麻煩。例如位於千代田區的九段下站，東京 Metro 與都營地下鐵的月台雖然就在隔壁，卻被厚厚的水泥牆區隔開來。如果沒有牆壁，轉車只需要幾秒鐘的時間，然而要去隔壁月台的乘客必須先爬上樓梯、通過兩個剪票口之後再下樓梯前往隔壁月台，整段路程若是遇上尖峰時段可能要花上五分鐘。要是沒有牆壁，該會有多方便啊！至今到底有多少人被迫忍受這樣的不便呢？

為了提升使用者的便利性，當局自二〇一〇年左右提出了「地下鐵一元化」的構想，受到熱烈討論。到了二〇一三（平成二十五）年三月，區隔九段下站四號與五號月台之間的牆壁遭到拆除，這項工程可謂是東京 Metro 與都營地下鐵一元化的象徵，人們都非常期待它們能夠在不久的將來合併，解決以往的各種不便。但是在確定主辦奧運之後，東京都像是被這份喜悅沖昏頭一般，將地下鐵一元化的問題擱在一旁，轉而把心力投注在東京奧運。

照理來說，正是因為要舉辦奧運，地下鐵一元化才更應該加快腳步，但這件事卻被安排到奧運結束後再行研議，可見東京大概沒機會在奧運開幕前實現地下鐵一元化了。就算不能馬上成真，也希望當局至少先找出解決轉車不便與車資變貴的辦法。距離東京奧運開幕，時間已經所剩無幾。

東京奧運會成功嗎？

據說東京成功爭取到二〇二〇年奧運主辦權的其中一個原因，是因為當初日本以「小巧節約的奧運會」為口號，然而現實與理想之間卻存在極大的差距。儘管大會營運成本以及場地整建費在一開始預計為三千億日圓左右，這個金額卻不知不覺膨脹到六倍以上，甚至有人估計很可能會超過兩兆日圓。

或許是因為抄襲問題引發軒然大波的奧運LOGO造成的負面影響，東京奧運的每個環節都嚴重脫離原訂計畫，就連作為主場館的新國立競技場也是其中之一。從四十六件競圖作品中脫穎而出的英國建築師札哈・哈蒂（Zaha Hadid）的設計因為預算與工期問題被迫重新檢討，最後落得再次招標的局面。

新國立競技場並不是唯一需要重新評估的地方。由於「集中型的奧運會」是二〇二〇年東京奧運的一大理念，政府當初計劃在東京灣沿岸的晴海建立選手村，並讓比賽會場集中分布於以選手村為中心的半徑八公里內。在三十三個會場當中，預計有二十八個會落在這個範圍裡，然而為了節省過於膨脹的建設成本，政府不斷重新評估與變更地點，最終留在半徑八公里以內的會場只剩下二十一個（圖—53）。

基於活用既有設施的觀點，奧運牽動的範圍一路往埼玉、千葉、神奈川與靜岡延伸；會場的數量也增加到三十九個，賽事最遠甚至會在東北或北海道進行。

奧運的確能夠帶來龐大的經濟效益，從世界

圖－53　2020年東京奧運會場

各地湧入的人潮與錢潮想必能夠大幅刺激日本的經濟發展。但是投入如此龐大的稅金究竟是否能獲得相應的回報仍然令人存疑，甚至有人認為政府為了奧運而對東北的災後復興置之不理。

蓋好的會場在奧運結束後該如何運用也是相當重要的課題。東京奧運究竟會不會成功呢？雖然還有堆積如山的問題需要解決，但既然已經決定要在日本舉辦，衷心希望這會成為一場讓全世界都讚不絕口的奧運盛會。

表－22 2020年東京奧運會場一覽表

	會場名稱	比賽項目	所在位置
①	新國立競技場（奧運主場館）	開幕／閉幕典禮、田徑、足球	新宿區霞丘町
②	東京體育館	桌球	澀谷區千駄谷
③	國立代代木競技場	手球	澀谷區神南
④	日本武道館	柔道、空手道	千代田區北之丸公園
⑤	皇居外苑	田徑（競走）	千代田區皇居外苑
⑥	東京國際論壇大樓	舉重	千代田區丸之內
⑦	國技館	拳擊	墨田區橫綱
⑧	有明體育館	排球	江東區有明
⑨	有明體操競技場	體操	江東區有明
⑩	有明 BMX 賽道	自行車（BMX）、滑板	江東區有明
⑪	有明網球森林公園	網球	江東區有明
⑫	台場海濱公園	鐵人三項、游泳	港區台場
⑬	潮風公園	排球（沙灘排球）	品川區東八潮
⑭	青海城市體育會場	籃球（3對3）、攀岩	江東區青海
⑮	大井曲棍球競技場	曲棍球	品川區八潮
⑯	海之森馬術越野賽場	馬術（三日賽〔越野賽〕）	江東區青海
⑰	海之森水上競技場	輕艇（靜水競速）、划船	江東區青海
⑱	輕艇激流會場	輕艇（輕艇激流）	江戶川區臨海町
⑲	射箭會場（夢之島公園）	射箭	江東區夢之島
⑳	奧林匹克水上運動中心	游泳（競泳、跳水、水上芭蕾）	江東區辰巳

㉑	東京辰巳國際游泳館	游泳（水球）	江東區辰巳
㉒	馬事公苑	馬術（馬場馬術、三日賽〔越野賽除外〕、障礙賽）	世田谷區上用賀
㉓	武藏野之森綜合體育廣場	羽球、現代五項（擊劍）	調布市西町
㉔	東京體育場	足球、橄欖球、現代五項（游泳、擊劍、馬術、跑射聯項）	調布市西町
㉕	埼玉超級競技場	籃球	埼玉市中央區
㉖	陸上自衛隊朝霞訓練場	射擊	練馬區大泉學園町
㉗	霞關鄉村俱樂部	高爾夫	埼玉縣川越市
㉘	幕張展覽館 A 廳	跆拳道、摔角	千葉市美濱區
㉙	幕張展覽館 B 廳	擊劍	千葉市美濱區
㉚	釣崎海岸衝浪會場	衝浪	千葉縣長生郡一宮町
㉛	橫濱棒球場	棒球、壘球	橫濱市中區
㉜	江之島遊艇碼頭	帆船	神奈川縣藤澤市
㉝	伊豆自行車競賽館	自行車（場地自行車）	靜岡縣伊豆市
㉞	伊豆山地自行車賽道	自行車（山地自行車）	靜岡縣伊豆市
㉟	福島吾妻球場	棒球、壘球	福島縣福島市
㊱	札幌巨蛋	足球	札幌市豐平區
㊲	宮城體育場	足球	宮城縣宮城郡利府町
㊳	茨城鹿嶋足球場	足球	茨城縣鹿嶋市
㊴	埼玉體育館 2002	足球	埼玉市綠區
㊵	橫濱國際綜合競技場	足球	橫濱市港北區

資料來源：東京2020奧林匹克．帕拉林匹克運動會組織委員會

參考文獻

·《日本大百科全書》（小學館）

·《日本地名大百科―ランドジャポニカ》（小學館）

·《世界大百科事典》（平凡社）

·《東京の歴史散步》（山川出版社）

·《近代日本都市近郊農業史》（論創社）

·《東京百年史》（東京都）

·《東京府志料》（東京都總務局文書課）

·《新日本ガイド東京》（日本交通公社出版事業局）

·《新日本ガイド武蔵野／秩父／多摩》（日本交通公社出版事業局）

·《広辞苑》（岩波書店）

·《全国市町村要覧》（第一法規）

·《理科年表》（丸善出版）

·《日本史年表》（河出書房新社）

·《街ごとまっぷ東京都》（昭文社）

·《江戸朱引図》（藏於東京都公文書館）

· 國立公文書館資料

· 國立國會圖書館資料

· 國土交通省國土地理院、總務省、環境省、經濟產業省、農林水產省、厚生勞動省、文化廳、氣象廳的資料以及官網

· 東京都、國土交通省國土地理院市區町村的資料以及官網

國家圖書館出版品預行編目 (CIP) 資料

東京地理地名事典：探索地圖上不為人知的東京歷史 / 淺井建爾著
；歐兆苓譯 . -- 初版 . -- 新北市：遠足文化 , 2019.04. -- (浮世繪 ; 56)
譯自：東京の地理と地名がわかる事典
ISBN 978-986-508-003-7 (平裝)

1. 地名學　2. 歷史地理　3. 日本東京都

731.726　108004092

浮世繪 56
東京地理地名事典
探索地圖上不為人知的東京歷史
東京の地理と地名がわかる事典

監修——淺井建爾
譯者——歐兆苓
執行長——陳蕙慧
總編輯——郭昕詠
行銷總監——李逸文
資深行銷企劃主任——張元慧
編輯——徐昉驊、陳柔君
封面設計&插畫——汪熙陵
排版——簡單瑛設

社長——郭重興
發行人兼出版總監——曾大福
出版者——遠足文化事業股份有限公司
地址——231 新北市新店區民權路 108-2 號 9 樓
電話——(02)2218-1417
傳真——(02)2218-0727
電郵——service@bookrep.com.tw
郵撥帳號——19504465
客服專線——0800-221-029
網址——http://www.bookrep.com.tw
Facebook——hhttps://www.facebook.com/saikounippon/
法律顧問——華洋法律事務所 蘇文生律師
印製——呈靖彩藝有限公司

初版一刷 西元 2019 年 4 月
Printed in Taiwan